辛勤播種的・必歡呼收割

文經文庫 4

800字小語①

梁實秋等著■吳榮斌主編

本書曾獲：

・「讀者文摘」精選數篇。

・入選國語日報「好書引介」「我最喜愛的書」專欄推介。

・中廣、警察廣播電台、民本電台、民聲電台、軍中電台、幼獅電台選播。

・澳洲國家廣播公司中文節目選播。

・作家琦君教授特別推薦。

・台北市政府教育局評定為「優良圖書」。

・台北市立圖書館讀者票選「百本好書」之一。

・世界日報副刊轉載。

・全國各級學校採用為課外輔導教材。

・榮登全國暢銷書排行榜。

序

•吳榮斌

在十多年雜誌編輯工作中，很幸運的，我有機會與當代我國社會各行各業的一些名家接觸。

在訪談中，常爲他們少見小我、常見大我，而喜愛他們的學養、眼光、氣度、人格、道德、成就或爲人處事。

成功不是偶然的，成就不是來自一天。巨大的心靈背後是什麼力量在支持的呢？

我觀察他們，覺得他們的長處與成就有很大的關係。

每在聽他們陳述觀點，自己受益之餘，心中就想：這樣美好的話，只有我一個人聽到，多麼可惜；這些話應該讓更多的人來分享啊！

一國的富強需要有各種各樣的人才。社會中這種人才愈多，人才資源愈大，這國的富強機會愈多。我們期望「江山代有才人出」，期望社會中多多出現各種人才，並讓我們同享知識、經驗、技能與愛；共同來促進社會更大的進步與繁榮。

成功的人與我們一樣，從小成長，經過讀書、工作、生活，一樣有憂愁、苦惱、挫折、灰心和失望；一樣有喜悅、興奮、信心和期望。什麼力量使他們奮鬪不懈？什麼力量使他們有成就、使他們豁達？什麼理念使他們成功？

他們最常想的是什麼？最關切、最想說的話是什麼？生活的感想與最好的體驗是什麼？

若能請所敬愛的人，把內心最感動、最難忘、最想說出來的話，像面對知己好友一般，寫出來，那一定很值得一讀吧！

這就是「八百字小語」的構想。

爲什麼是「八百字」呢？因爲要精緻，要犀利，要簡潔，要可讀。

爲什麼是「小語」呢？因爲要如促膝小談，要親切，要輕鬆，要自然。

沒有虛浮，沒有風花雪月，也不要長篇大論。

但見眞摯，平實，豐富，練達，讀來低吟回味。

這就是「八百字小語」的風格。

有五十位名家爲第一集「八百字小語」而寫。他們分別寫下了心坎裏的話，成就爲一篇篇精緻可讀的散文小品，每一篇都清新雋永，發人深省，值得細讀。

從文學家梁實秋先生（寫第一篇）到藝術家李霖燦先生（寫第五十篇），每一篇都是生活千錘百鍊後的眞情之語，是對生命的關切與感動的結晶。執筆者都有豐富的學養，深邃的眼光，愛人的胸懷與淸麗的文筆，落筆如珠，格外清雅動人。「八百字小語」眞做到了契合欣賞，怡情養性，開擴胸襟，體察人性與昇華生活的境地。

謹將此書獻給熱愛人生的朋友。

附記：「八百字小語」是筆者主編「大同」雜誌時所闢的一個專欄。由於撰稿人都是各方傑出人士，語出眞情，這個專欄很受讀者喜愛。「八百字小語」第一集的作品大部分發表於專欄上，少部分是後來所約。謹向每一位撰稿人致謝，也感謝大同雜誌發行人林挺生先生同意本書由文經社出版。

目錄

（依來稿序）

序　吳榮斌　3

梁實秋　勤　16

石永貴　外祖父的身教　18

劉眞　創造性的想像力　20

彭歌　恆心與毅力　22

丁維棟　充實而快樂的人生　24

● 韓偉
教育，從家庭開始 26

● 劉兆祐
書趣 28

● 老康
幹一行，像一行 30

● 尹雪曼
爺爺的悄悄話 32

● 羅蘭
欣賞就是快樂 34

● 林烱陽
詩與方言 36

● 王洪鈞
自得其樂 38

● 陳奇祿
都來參與文化 40

● 吳東權
自己和別人 42

● 梅長齡
儒家為體，法家為用 44

● 王大空
願人人都「愛」 46

● 黃得時
從店內到店外 48

● 顏伯勤
勤樸 50

● 曾虛白
假如美國總統是中國人 52

● 林昭揚
我為人人，人人為我 54
● 謝安田
服務風度 56
● 賴明佶
人人愛讀書 58
● 阮大年
緊急與重要 60
● 紀 政
勇氣 62
● 施俊文
「七十」 64
● 尉天驄
有了根，就有了喜悅 66

●鄧昌國
理性客觀的判斷力 68

●張任飛
我們要做的事太多 70

●歐陽醇
大學新生代 72

●曾昭旭
莫輕率對別人失望 74

●趙麗蓮
多為別人想，多為國家想 76

●文　壽
懷遠思人 78

●鄭貞銘
橋之語 80

● 楊耐冬　文藝的邊緣　82
● 許博允　盒子與生活　84
● 余阿勳　回臺記感　86
● 陳恆嘉　與草木同生　88
● 漢寶德　我們需要樹木　90
● 柴松林　社會的新倫理　92
● 毛連塭　資優兒童的培育　94

●趙守博

法治與和諧 96

●呂泉生

禮與樂 98

●鍾肇政

無私的奉獻 100

●蘇瑞芳

母親遺骨 102

●陳維昭

老祖母的眼淚 104

●陳五福

無事不大 106

●蔣勳

蘆葦 108

●陳銘磻
喜樂的心 110

●無名氏
偶感 112

●李霖燦
一語驚醒夢中人 114

附錄：
之一：紀政的稿費 119
之二：生命之愛 125
之三：自白 131

插畫／陳世倫

每一篇都是生活千錘百鍊後的眞情之語，
是對生命的關切與感動的結晶。

勤

梁實秋

勤，勞也。無論勞心勞力，竭盡所能黽勉從事，就叫做勤。各行各業，凡是勤奮不怠者必定有所成就，出人頭地。即使是出家的和尚，息跡巖穴，徜徉於山水之間，勘破紅塵，與世無爭，他們也自有一番精進的功夫要做，於讀經禮拜之外還要勤行善法不自放逸。且舉兩個實例：

一個是唐朝開元間的百丈懷海禪師，親近馬祖時得傳心印，精勤不休。他制定了「百丈清規」，他自己篤實奉行，『一日不作，一日不食。』一面修行，一面勞作。「出坡」的時候，他躬先領導以爲表率。他到了暮年仍然照常操作，弟子們於心不忍，偷偷的把他的農作工具藏匿起來。禪師找不到工具，那一天沒有工作，但是那一天他也就眞個的沒有吃東西。他的刻苦的精神感動了不少的人。

另一個是清初的以山水畫著名的石谿和尚。請看他自題「溪山無盡圖」：『大凡天地生人，宜清勤自持，不可懶惰。若當得個懶字，便是懶漢，終無用

處。…殘衲住牛首山房，朝夕焚誦，稍餘一刻，必登山選勝，一有所得，隨筆作山水數幅或字一段，總之不放閒過。所謂靜生動，動必作出一番事業。端教一個人立於天地間無愧。若忽忽不知，懶而不覺，何異草木？』人而不勤，無異草木，這句話沉痛極了。過飽食終日無所用心的生活，英文叫做vegetate，義爲過植物的生活。中外的想法不謀而合。

勤的反面是懶。早晨躺在床上睡懶覺，起得床來仍是懶洋洋的不事整潔，能拖到明天做的事今天不做，能推給別人做的事自己不做，不懂的事情不想懂，不會做的事不想學，無意把事情做得更好，無意把成果擴展得更多，耽好逸樂，四體不勤，念念不忘的是如何過週末如何度假期。這就是一個標準懶漢的寫照。

惡勞好逸，人之常情。就因爲這是人之常情，人纔需要鞭策自己。勤能補拙，勤能損慾，這還是消極的說法，勤的積極意義要人進德修業，不但不同於草木，也有異於禽獸，成爲名副其實的萬物之靈。

外祖父的身教

石永貴

旅港學人呂俊甫博士，為其研究計畫蒐集材料，其主要工作是訪問當代的中國知識分子，以了解一個中國知識分子之言行與成就，受什麼的影響最大？這個計畫是呂博士為哈佛大學而作的，料此書出版後對世人了解中國人的性格，有極大的貢獻。

中國人，受影響最大的，應是母親。艱苦卓絕的母親，始能產生艱苦奮鬪的兒子。

我受我母親影響很大，也受我外祖父影響很大，我處處以外祖父為榜樣。

我家是個大家庭，幼年因父親離家奔赴國難，我與母親、妹妹相依為命。

外祖父家也是大家庭，分三處居住，除了田地之外，還有數處「寶號」，分散東北遼南各地，外祖父是這個大家庭中的「當家的」。

外祖父個子不高，胖胖的，留着一點仁丹鬍子。這個大家長難做，他卻做得使上上下下服服貼貼的。

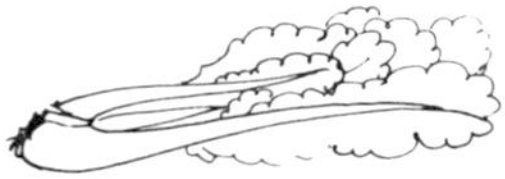

外祖父處事與斷事，祇是四個字：「勤勞奉公」。他做事有他的哲學：凡他人所爭的，他不爭。凡他人不願做的，他做。

以每天三餐而言，他永遠等到伙計吃飯後他才會拿起筷子吃。他的理由是：伙計要做「活」，不吃飽怎行？

外祖父的分支店與家鄉有千里之遙，他在外做生意，經年難得回家一次。但僕僕風塵，一下了車就往田裏跑，與伙計一起工作。如果有人說，您好不容易回家一次，該休息休息。他便說，好好人，休息什麼？（也因此，當我服務於中央四組時，陳裕清主任自紐約聯合國開會回來，從松山機場逕赴辦公室或中常會會場，我在無限敬佩之餘，也有特別的感受。）

我告別外祖父已有三十餘年，音訊全無，我由童子已入中年，每讀「菜根譚」：「唯公則生明，唯廉則生威。唯恕則情平，唯儉則用足」，就想起他的笑容，他的背影。外祖父早已不在我身邊，他的精神還在，他的精神也在許多人心中。

創造性的想像力

人類之所以能不斷革新進步，主要是由於人類具有一種極可珍貴的創造性的想像力。思想家和科學家的創造發明，藝術家的不朽傑作，政治家的偉大業績，與其說是由於深厚的學力，毋寧說是由於創造性的想像力。

愛因斯坦曾說：「想像較知識更重要。」美國化學會的職業訓練委員會所提出的一篇報告卽謂：「由於缺乏創造性思想的能力，使許多已得到博士學位的人，竟不適合工商企業的研究工作。」可見如果祇知讀死書，而不肯運用想像力，則縱然獲得很高的學位，也不會有偉大的成就。反之，一個人祇要肯發揮天賦的想像力，卽使沒有受過高深的教育，一樣可以有所發明和創造。例如瓦特由蒸氣衝開水壺蓋子而發明蒸氣機，這不是人所盡知的事實嗎？

美國工商企業界之任用新人，常常以其人之是否具有創造性的想像力爲取捨的標準。同時獎勵員工運用各人的想像力，對本身業務不斷提供新的優良設計，以謀業務的發展，這就是目前美國工商企業界普偏採用的「建議制度」。

例如通用公司總裁馬力生，他選擇了一位年已六十的會計師奧爾遜做該公司的行政副總裁，他所持的理由是奧爾遜心情年輕，一直保有新的創造性的想像力。又如美國有一家公司在第二次世界大戰結束時，因公司在軍中服役的人全部返回公司任職，決定不再僱用新人；但此時有一青年來見，經公司負責人接談後立即僱用，因爲這位青年在往該公司之前，曾花了三個月的時間，研究該公司的業務與其需要，並思考他如何才能對公司有所貢獻，同時還準備了大宗的資料，以備公司負責人約見時提出討論，他的資料顯示他具有高度的創造性的想像力。

佛蘭克林曾謂：「停止創造性的思想，與停止呼吸沒有什麼分別。」另外有一位美國的專家也說：「上帝賦予吾人想像力，使其成爲吾人生命中最偉大的潛在精神力量；但仍有許多人不去好好利用它，眞是太可惜了！」這樣看來，我們每個人還不應該充分發揮天賦的創造性的想像力嗎？

劉真　教育家。政大教授

恆心與毅力

彭歌

人生於世，有順境也有逆境，有得意也有失意。有的人胸懷坦蕩，恬淡自適，雖在憂患之中，依然能有以自處。從前有人說，祇要抱定宗旨，立定目標，持之以恆，天下沒有做不到的事，沒有解決不了的問題。易經所謂「天行健，君子以自強不息」；天道與人事，隱隱然若有一致之理。自強不息，亦無非恆心與毅力而已。

幾年前，我在旅途中讀到皮爾博士所著「人生的光明面」一書，深有所感，後來譯爲中文出版。皮爾博士是基督敎的著名佈道家，他以深入淺出的方式，反覆說明人必須中心有主，嚮往光明。塵世擾擾，至今仍有許許多多幾乎是無法解決的問題；但我們也要知道，有黑暗正所以顯示光明。他鼓勵世人要有「積極思想」，凡事能從積極的、光明的一面去想，許多困難皆可迎刃而解。人，不應做環境的奴隸。

人類的文明是在進步與發展之中，我們今日所能享受到的一切，都是千百

年來共同努力的成果。人類還可以更進步、更好，那就要靠我們這一代的繼續努力。

歐陽修在「瀧岡阡表」中歷述他父親生平的積善厚德，「爲善無不報，而遲速有時，此理之常也。」一個人做了好事，必得善果，這是中國人倫理觀念的基礎。爲人行事，但求心之所安，而不必期期於現實的報償。

大凡常人習性，憑一時的勇氣，做一件轟轟烈烈的事，倒還容易；但要秉持着終身的信念，擇善固執，力行不懈，則是不容易做到的。所以，我常常以此自省自礪，應該做的事，就一定要靠着恆心與毅力，堅持到底。

王陽明說：「破山中之賊，易；破心中之賊，難。」一個人最不容易認識的，就是自己。看世界要看光明，看自己也要多想自己「能做些什麼」，而不要先存着逸豫偷懶之心。每一個人都有他的潛力和才能，對國家與人羣都有用處。「天生我才必有用」，我們都要接受無數的考驗與挑戰，憑着恆心毅力，就能把才力充分發揮出來。

彭歌　大衆傳播學者。

充實而快樂的人生

丁維棟

二十世紀的末期，在極大部分的文明世界中，人類的生活水準，已提升到空前的高度，物質上的享受，已遠勝古代的帝王。中華民國在臺灣的人民，可也享受到中國人在歷史上所能遇到的第一等生活！在這種充滿福祉的社會中，我們應該善加策畫，尋求一個充實而快樂的人生，才不算辜負這個時代。

要尋求充實而快樂的人生，我認爲第一要切實把握「今天」，而不必過分爲「明天」擔憂。我身爲一個報人，每天接觸到國內外的新聞資料，深感「杞人憂天」的資料實在太多了。

杞憂會減少一個人的快樂與信心，會減低人生奮鬪的勇氣，實在是快樂人生的大敵，故必須予以掃除。英國有一句名言：「一個人所擔心最壞的事情，百分之八十五都沒有發生。」我個人的人生經驗，亦證明很多最擔心、最憂懼的事情，的確未發生！

其次，每個人應把重要的時機，做適當的抉擇。據筆者觀察，臺灣今日第

一流的企業家，都是在六十年代，我國經濟開始起飛的時期，冒相當大的風險，做了適當的選擇。由於判斷正確，他們成了這個時代的成功者與典範。新一代的年輕的朋友們，亦應能把握時機，善加抉擇，奠定一生事業的基礎。

第三個要訣是爭取「有限度」的成功，並準備接受「小失敗」。我默察這二十多年來臺灣各界的新人物，深感他們不一定是天才橫溢，但大多數是腳踏實地，按部就班，有目標有計畫的努力者。由於他們的目標有限，野心不太大，比較容易獲得成功，亦容易取得他人的合作。他們的發展，亦容易爲社會所接受。

至於接受「小失敗」這點，我要特別強調「小」字。因爲在人生的過程中，失敗是不可避免的，但是要亦勇亦愼，避免因太大的失敗，而致喪失奮鬥的勇氣。而接受「小失敗」是因它是一種教育，可以增加人生經驗及成功的機會。

朋友們，根據以上三原則，在一個進步的社會中，人人有機會可以尋求一個充實與快樂的人生，你以爲如何？

丁維棟　評論家。曾任英文中國日報(China News)社長

教育，從家庭開始

今日的教育決定明日的社會！

教育下一代不僅是老師和學校的責任，也不僅是社會和國家的責任，更是家庭和父母的責任。最重要、而且影響子女一生的「人格教育」，主要是在家中靠父母完成。

上帝創造萬物，賦予人類最特殊的生命。在人之所以異於禽獸之諸多特性中，子代必須長期仰賴母代護衛，這一特性也是其他動物不能相比的。這個事實，表明了造物主對爲人父母者有特別的託付，要他們在養育之外，也負起教導子女做人的職責。

很多父母忽視了這份天職，而把教導子女的責任推給學校和老師。他們以爲祇要孩子有吃有穿有學校進，就盡了做父母的責任，這是不負責任的作法！這樣的父母忽略了自己的天賦特權，也貶低了自己萬物之靈的崇高地位。

教育子女的時機越早越好。從孩子出生（甚至在懷孕期間）起，父母的態度、言行以及家庭的氣氛就成了子女的學習環境。我相信「胎敎」之說，也知道母親的一些習慣的確可以影響胎兒。因此，卽使在懷孕期間，做父母的也不能忽視敎導的責任。

家庭敎育的重要因素是時間，做父母的必須花時間在子女身上。一些年輕的夫婦爲了多賺錢，把孩子交給別人代養，這是不智之舉。聰明的父母寧可過比較簡樸的生活，也不肯犧牲那稍縱卽逝的與子女相處的機會。

家庭敎育的內容是敎導子女做人。誠意、正心、修身之道不能等孩子進到學校才學，內在美的培育必須父母常年累月的心血澆灌。你的孩子是否勤奮樂觀、謙遜有禮，是否忠貞坦誠、犧牲捨己，……做父母的有很大的責任。

出於愛心的體罰是有效的敎育工具，做父母的必須善爲運用。一個深知被父母疼愛的孩子受得了體罰，也從體罰中學會了對自己的行爲負責以及如何面對失敗和挫折。適度的體罰像預防注射，可以增加孩子對精神壓力的抵抗力。

今日的敎育決定明日的社會，而敎育，應從家庭開始。

韓偉　醫學博士。曾任國立陽明醫學院院長

書趣

劉兆祐

我很羨慕古代文人的生活方式，他們不論是寫字、吟詩、蒔花、飲茶，都講究「趣」。而最令我嚮往的，是他們擁有琳瑯萬卷的書樓；他們購書、藏書、校書、抄書，從書中獲得享受，我把這種樂趣，稱之爲「書趣」。

現代一方面由於公共圖書館事業發達，一方面由於住宅面積有限，能擁有六七坪的小書房，已很不容易。書房既小，藏書有限，加上工作繁忙，步出校門，就難得讀書了。我想：如果現代人也能仿效古人培養一點「書趣」，也許可以多接觸書，而不致面目可憎了。

前人藏書，先要取個優雅的室名。像清代的陸心源，藏有兩百部宋版書，室名就叫「皕宋樓」；黃丕烈曾經得到一部南宋本湯氏注陶詩，甚是高興，室名就叫「陶陶室」。像這樣，爲自己的書房，取個有意義的室名，然後刻個藏書章，鈐在書葉，可添增閱讀的情趣。

談到藏書章，古人很講究。他們在心愛的書上鈐上纍纍圖章，琳瑯滿目。

印章的形狀固然變化多端，印章的詞句，也很有情趣。張蓉鏡的藏書章很多，其中一枚是「在處有神物護持」，另一枚是「一種心勤是讀書」。我也讀過一部宋嘉泰二年刊印的「註東坡先生詩」，鈐有毛晉的「汲古主人」、「汲古閣」，翁方綱的「蘇齋墨緣」、「覃溪眞賞」等朱印數枚，古香可愛，不僅可以鑒賞名家印記，而且一書的遞傳經過，也一目瞭然。

昔人藏書，蒐羅宏富；現在書房既小，祇能做重點收藏：喜歡旅遊的，專事蒐藏各地風物的文獻；酷愛釣魚的，專門訪求釣魚有關的圖書。如此，一則可使最小的書房藏有某一方面的圖書；一則促進嗜書的慾望，增加書趣。

古人由於生活悠閒，製造書趣的方式很多，例如講求善本、孤本；校讎點勘，丹黃爛然；明代的朱大韶，甚至用一美婢換取宋版後漢紀，書林傳爲美談。這些，在忙碌的現代生活是不可能再現的了。我祇提出古人書趣的一二，希望忙碌的現代人，培養一些書趣，每天花一些時間，坐擁小小書城，即使不能多看書，也讓書趣湧上心頭，霑潤一卷在手的快樂。

劉兆祐　文學博士。東吳大學教授。曾任中文研究所所長兼系主任

幹一行，像一行

老康

大家常聽人家說：「幹一行，怨一行。」可能很少人聽到「幹一行，像一行」。因爲這兩句話是我老康先說的。萬一從前沒人說過，就應該算是我的「發明」了。

我不同意「幹一行，怨一行」的觀念。我們中國人自古以來，就非常講求敬業精神，有敬業精神的人一定不會怨他這一行，因爲他對他這一行十分熱愛，把全副精神投進去，假以時日，一定成功！

而「幹一行，怨一行」的人，一定缺乏敬業精神。他可能天天抱怨這不對，那不好，就他一個人對，就他一個人好，甚至認爲自己「懷才不遇」，因此，一心要找個「好」的或是「更好」的工作。這種人就是「這山巴着那山高」的人，犯了「眼高手低」的毛病。這種人祇會眼朝天上看，不願腳踏實地，埋頭苦幹，到頭來必定一無所成。

無論古今中外，成功的人都具備一個共同的條件，那就是「幹一行，像一行」。例如一名技術工人，他的一舉一動、一言一行，都像一名典型的技術工人，這種現象本身就給人一種「像那麼回事」的感覺，不會覺得他格格不入，四不像或是「玩票」。

這種人做事認眞，負責盡職，而且喜歡細心觀察，研究發展。比方說他在工作上發現了問題，一定不會輕易放過，而是仔細檢查毛病出在那裏，去發現問題的所在，然後設法處理。

這樣，久而久之，從發現問題，處理問題與解決問題的過程裏，自己得到不少的知識，公司得到更高的利潤，公私兩宜，利人利己，該是多麼令人開心的事！

這種由工作中得到的快樂，比工資和紅利都要「經用」。錢會花光，快樂卻永遠受用不盡。一個人到了對他的工作樂之不疲時，他就擁有取之不盡、用之不竭的原動力。

因此，我不但主張：幹一行，像一行；而且終身行之。

老康　本名祝振華。傳播學、教育學博士。演講家，作家，教授

爺爺的悄悄話

尹雪曼

我可愛的小孫兒：現在外面正在下雨，微風透過百葉窗吹進來，有點涼意；但因爲想着你倆，想着跟你倆說些「悄悄話」，所以心頭洋溢着一片溫情，對於從窗外吹襲進來的那絲兒涼，一點兒也未介意。

你倆知道：爺爺是愛你們的。爺爺給予你倆的愛，無邊無際。你倆雖然從未說什麼，但爺爺可以從你倆的聲音中、笑容裡，加以深深的體會。特別是當爺爺問嘉凡說：「想不想爺爺？」嘉凡說：「想！」那稚嫩、柔美的聲音，每次總帶給爺爺莫大的欣慰！於是，爺爺更加無條件地奉獻出他的愛心。

其實，不愛你們又愛誰呢？當然，爺爺也許是年歲大了，走在街上，幾乎愛每一個小朋友。然而，那些可愛的小臉，那些精靈的眼珠子，卻祇向我回報以陌生的一瞥，就很快地躲開或跑走，不肯跟我親近。因此，無怪乎西方人要說兒童是上帝送給父母們的天使了！

是的，你倆是你們父母心中的天使，也是爺爺和奶奶心中的天使。每逢星期假日，爺爺一大早就在家中等候你們的降臨。因爲祇有你倆來了，爺爺的心裡才有春天，才有笑聲，這對於在寂寞、單調、忙碌中度過六天時光的爺爺來說，簡直像一泓清泉對於長久跋涉在沙漠中的旅人！

你倆來了，爺爺就跟你倆笑、跟你倆鬧。你倆是很容易滿足的，爺爺也是很容易滿足的。就像嘉凡有時候伏在爺爺的耳朵旁，唧唧唧唧……地說些有聲無字的悄悄話，也會帶給爺爺和嘉凡無限的愉悅。小大人一樣的嘉德，雖然不肯跟爺爺說悄悄話，然而爺爺從他的眼神中卻可以看出，他對嘉凡那無邪的、清甜的笑聲，正含有一絲兒的妒意哩！

嘉德的一絲兒妒意，來自幼稚年歲的失落。他何嘗不想伏在爺爺耳朵旁說悄悄話呢？可是，他覺得現在他已經不能夠；因爲，他長大了。而長大是不是一種悲哀呢？也許是，也許不是；問題在於一個人如何面對這個問題。

這問題對你倆來說，自然是太大了。然而你倆必然地會一天天地接近它，跟它遭遇。因此，但願你倆在走向它時，事事如意。這是爺爺的祝福。

尹雪曼　作家

欣賞就是快樂

羅蘭

一個人，能夠安於手邊所有，眼前所見，在雜亂無章、晦暗無望的現實中，保有自己心中的天光雲影，在生活的縫隙間去抓住飄然自足的快樂，自己的價值，就是在這樣的時時刻刻裏得到肯定，而不是懸個未來的目標去肯定。

「樂享」的心情不是來自外在的如意，而是來自內在的無私和對周圍小小事物的欣賞。只要你有這份欣賞之情，在煩忙雜亂的生活中也可以隨時發現愉悅和清新。如果你會在做家事時，忽然發現一根蔥也有它的青翠之美，或偶抬頭，看見窗外一隻對你諦視的貓而感到由衷的喜悅，你就是懂得樂享人生了。

誰不期盼「發揮自己的志趣」呢？但期盼是一回事，現實又是一回事。如何把這兩者合而爲一，所靠的是對現實的認可，然後從既有的條件中找尋可用的素材來爲自己鋪路。其實，連這「鋪路」的念頭都不必要有。

對日抗戰初期，我在淪陷區鄉下小學裏教書，既沒薪水可拿，又離我那升學之夢、音樂之夢無限遙遠。但我欣賞鄉下的田園美景，愛那由娘娘廟改成的

校園中的靜寂，安享那自然界穩定從容的四季。紙窗竹戶，煤油燈下，外面是如銀的雪夜，我寫毛筆字，抄古唐詩，把辭源當小說看，豈不眞個是「覓得桃源好避秦」？而那段時間所帶給我的充實、寧靜，以及與自然共享悠遊歲月的踏實感，使我至今受惠無窮。是那段日子，使我了解到道家思想之至美；也使我從古唐詩與辭源中領略在學校所不易學到的國文的眞正內涵。對我日後的思想與運用文字的能力大有助益。這些，就是我所能就地取材的磚石。而當時，我也並未意識到自己是在「鋪路」，只覺得那是在「娛樂自己」。寫毛筆字、讀古唐詩、瀏覽辭源，都是在娛樂自己；到田園去散步遊賞，採菓子來吃，途中欣賞河水的浩渺煙波及河上的帆檣，更是娛樂自己。

人生是一件值得歡呼樂享的事。造物者給我們機會，送我們「下凡」來遊覽觀光，而我們爲什麼偏偏要把它當成一項痛苦難纏的任務，在那兒緊張不已呢？讓我們的每一分秒都是一次愉快的完成，不是更可貴、更聰明、更快樂、更值得嗎？

羅蘭　作家。曾任警察電臺節目主持人

詩與方言

林烱陽

我愛讀詩，尤愛唐人小詩（絕句）。這種小詩以簡短的形式，質樸的語言，表現雋永的情趣，很適合忙碌的現代人閱讀。

古人寫詩，有時候爲了加強詩趣，或以土語入詩，或用入聲押韻，而古代的入聲及一些土語猶存於現代方言中，所以有幾首唐人小詩，若以方言讀之，更能領略詩中的意趣韻味。

白居易問劉十九詩：「綠螘新醅酒，紅泥小火爐。晚來天欲雪，能飲一杯無？」這是邀請友人來飲酒賞雪的詩。飲酒可以增添生活的情趣，拉近人們的距離。家中若有佳釀，邀請二三好友，淺酌敘舊，亦是人生樂事。邀請友人飲酒，用閩南語就是「可以來飲（音 lim）一杯無？」「無」字表示疑問語氣，等於國語的「嗎」。這詩用方言來品味，不是更覺土俗自然，平易親切嗎？

王維雜詩：「君自故鄉來，應知故鄉事。來日綺窗前，寒梅著花未？」此詩以平時家常話寫懷鄉之情。「寒梅著花未？」以國語讀之，總覺典雅，不像

是常語。然而此句的意思，用閩南語來說，就是「寒梅開花未？」是尋常話。「未」字等於國語的「沒有」，如「食未？」即「吃飯了沒有？」如此欣賞，更能領略他鄉遇故友閒話家常的深濃情意。

柳宗元江雪詩：「千山鳥飛絕，萬徑人蹤滅。孤舟蓑笠翁，獨釣寒江雪。」這是描寫江鄉雪景的詩。用入聲字押韻以配合詩中的情景。聲調的高低抑揚，各有其適宜表現的意象。千山的高峻陡峭，世界的死寂冷漠，漁翁孤高的精神，都由「絕」、「滅」、「雪」三個直截急促的入聲強調出來。入聲在國語中已轉變爲平上去聲，所以此詩的音聲之美，要用還保存著古入聲的方言（如廣東話、客家話、閩南語）讀之，才能夠深味其妙。

在現實的工商社會裏，人類的性靈往往被金銀的鐐銬所束縛，而欣賞詩歌可以滋潤枯槁的心靈，提昇萎縮的精神，所以我們在繁忙的生活中，抽空讀幾首唐人小詩，就不會感到人生是無聊乏味的。如果會講方言，用它讀詩，也許可以發現更多的詩趣。

林炯陽　東吳大學中文系教授

自得其樂

王世鈞

西方人曾將今日比喻爲「不滿的時代」。似乎大家對既得的一切，永遠不滿。每個人都在用艷羨或嫉妒的眼光張望他人——他們的財富、官位、住所、甚至家裏的漂亮沙發。因此，每個人每天都在追求，緊張，疲勞，永不快樂。

這就是西方文化發展到今日，所造成現代生活中可悲的一面，不是麼？

——心理學家強調，作一個現代人必須具有成就的取向。不錯，追求成就是現代人的一個特徵。但誰又想到是否每一個人都具備相同的條件呢？更重要的，是否每一個人都具有相等的機運呢？

——民主社會打破了舊社會的結構。昔日社會的重心是極少數的統治者，而絕大多數人永遠是被統治者。今日西方社會，就像中國歷史上一個朝代的末期，人人可以揭竿而起一樣，祇要獲得大衆支持，昨夕尚爲草莽，今朝便可登上廟堂。對許多人而言，這又是何等的引誘！

——工商社會，一個人從小到老，從早到晚，耳邊聽到的，眼睛看到的，

都是教人不滿現實的廣告。何不吃這個？何不用那個？因此，我們看到的現代人那裏像現代人，幾乎還是中古時代的奴隸，祇是自己「不滿」的奴隸罷了。

我國社會多少年來受西方文化浸蝕已深，「不滿」的情緒也在與日俱增。社會上儘多的是以財富及權力爲成就的指標，獨未見如孔子所說「見賢思齊」以道德爲成就的指標。因此，常見人愁眉苦臉，不知爲何而忙，爲誰而忙。

我的信念是自我肯定。從大的方面講，肯定中國的文化；就個人而言，肯定自己的

內子常勸我穿得體面一點再上街，我祇求穿得乾乾淨淨，但簡簡單單。我的看法是，認識我的人，他們不會要我穿得體面；對不認識我的人，我也不必爲他們穿得體面。我也不打牌，我也不應酬，我也不結黨——獨來獨往。

多年以來，我是「不滿的時代」中的漏網之魚。我像一條魚，在人海中游來游去，怡然自得！

王洪鈞　新聞學者。曾任文化局局長，現任文化大學新聞系教授

都來參與文化

陳奇祿

由於我們在過去二三十年間，積極從事經濟建設，已獲致輝煌的成績，不僅超越了許多開發中的國家，且已與許多西方先進國家並駕齊驅，所以我們開始致力於文化建設，而且比較側重於高度文化的創建。

文化有其整體性，何者屬於精緻部分，很難界說，但一般都以文藝爲高度文化的最主要部分，因爲一個國家民族有沒有文化，多不依據有沒有基本文化來衡量，而是以有沒有高度文藝發展爲其指標。

政府最近推行高度文化建設，主要有三方面：第一是推行文化復興：全國上下盡全力開展以「倫理、民主、科學」爲內涵的三民主義文化建設。第二是文化中心的興建：在新的十二項建設中列入的「文化中心」計畫，預計在五年預定期限內將可順利完成。第三是文化環境的建立：諸如文化法規的修訂、文化基金的籌措、文化人才的培育等等。

文化建設和經濟建設不同的地方，是後者所處理的大多是屬於實體者，而

前者則多爲較抽象者。雖也有具有形體的物質文化，但文化的原始定義是人類羣體爲適應環境而創出的固定因應方式，所以文化必得是人所創造的，也必得是人所享用的。存在的物體、景色、音聲，即使美妙，如果不是人所創造且爲人所享用的，不能算是文化。這就是說，文化不能是身外之物，而必須是和人的生活有關聯的。所以我們從事文化建設，即令前面所提政府推行的計畫和方案，都次第完成了，也祇能說是有了一個發展文化的堅固基礎而已，文化建設還是不能說已經完成了。

蔣總統在宣布文化中心計畫時說，文化建設是要「使我們國民在精神生活上都有良好的舒展，使中華文化在這復興基地日益發揚光大」。我們希望全體國民都能積極參與，我們也希望不久的將來，我們不但是一個經濟大國，也是一個文化大國。

陳奇祿　人類學家、臺大教授

自己和別人

吳東權

造物者給人類創造了兩顆眼珠子，都是朝着前方，意思是要多看看別人，不要光看自己；另外還有兩隻胳膊，都是朝裏面彎，意思是要多靠自己，不要依賴別人。

可是，聰明過剩的人類，往往違背了造物者的旨意，兩顆眼珠老是光看自己，而且兩隻胳膊總是伸出去要求別人。

也許你還不相信，人類不管是遇到任何事件，總是先看自己；小姐們每天攬鏡自照，注視自己、欣賞自己、嗟歎自己，總覺得自己比別人漂亮、自己比別人可愛，然而，內心卻在埋怨：爲什麼自己的際遇卻不如人家？男士們也一樣，雖然不像小姐們那樣每天攬鏡顧影自憐，卻把眼珠子注視到自己的名與利，很少去注視別人努力奮鬪、積極進取的過程，都祇看到自己爲什麼往往得不到好處？升官晉級爲什麼沒有我？發財享受爲什麼沒有我？

舉個最簡單的例子：如果好幾個人合影留念，照片拿到手裏，一定先看自己，看看自己的尊容姿勢，如果自己的形像顯得比其他的人好，必然很愉快，而且誇獎這張照片照得好；否則，不管別人如何，自己立即評定這張照片拍得太差勁。

更遺憾的是，人類往往不運用自己的胳膊去照顧自己，偏偏伸出手膀去要求別人，仰仗別人；有許多人且成了寄生蟲，不但對別人毫無貢獻，反而像吸血蟲一樣，最好不勞而獲，坐享其成。

宋仁宗有一天到大佛寺去進香，看到如來佛手持佛珠，口念佛號，他問主持：念何佛號？主持答說：念自己的佛號：南無阿彌陀佛。仁宗問：何以念佛號？主持答說：求人不如求己啊！

佛法無邊，尚且不時在求着自己，而一般凡人，爲什麼還要事事求諸他人呢？

吳東權　作家。曾任中視新聞部經理

儒家為體，法家為用

梅長齡

我國古代，以農爲本，而領導階層，則出自知識分子，所以「耕讀傳家」最爲光彩。由於這種社會組織形態，構成了「萬般皆下品，唯有讀書高」的觀念，使讀書人的言行思想，影響了整個民族的心性。而讀書人受歷代帝王推崇儒學、罷黜百家的鼓舞，遂以儒學思想爲中心論點，誠信忠恕、忍讓博愛，歷代相傳，乃蔚爲民性，作爲立身處世的圭臬，相互勸勉的準繩。

事實上，這項「忠恕而已」的儒家思想，原爲人生哲學之最佳境界。然而，社會結構自從西方工業革命以來，漸次起了變化，歐風東漸，我國近年來亦隨之產生鼎革。從農業社會步入工商業時代，民衆的生活形態與生產方式，都有了急遽的演變，由「雞犬相聞」的農村悠閑生活變爲「人車爭道」的都市緊張情緒，人際關係複雜，事業競爭激烈，急功求利，不擇手段。因此，不但社會結構體系有了改變，甚至做人做事的方法，也都有了顯著的不同，如果仍然用農業時代的時間觀念和做事方法來適應當前這個社會，必然會遭受無情的淘汰，這是大家共同所公認的事實，已經無庸置疑。

然而，我們試看目前社會上仍舊有許多人士並未隨同時代的變革而有所進步，仍然停留在農業社會的階段，於是產生了許多脫節與雜亂的現象。不少人乃趁機利用法律漏洞，針對人性弱點，遂行其自私、自利，甚至違法犯紀的勾當。對於這些人，我們如果仍以儒家的忠恕精神來處理，用忍讓的態度來應付，那祇有坐令黑白顛倒，是非不分，進而阻滯社會的進步，破壞大衆的福祉。

因之，我認爲儒家思想實乃人生的中心準則，立國的基本精神，但是，如果用它來對付當前繁複的事務和險詐的人心，實在有點力絀之感。所以筆者主張，應該採用法家的治事手法來輔助儒家的立身修養，一柔一剛，一內一外，明刑尚法，相輔相成，當有助於現代社會的進步，也就是：

以儒家仁忍忠恕思想以處人；

用法家明刑尚法精神以治事。

梅長齡　曾任中視總經理

願人人都「愛」

王大空

民國五十八年，我到紐西蘭奧克蘭參加一項國際廣播會議；一天無事，就去當地的動物園閒逛，主要的是想要看一看一種世界上稀有的鳥——鷸鴕(kiwi)。這種鳥長長的尖嘴，胖胖的軀體，短短的翅膀，敦敦厚厚的，很是可愛。

許是物以稀爲貴，紐西蘭把這種鳥當爲國鳥。凡是到過紐西蘭的人，特別是那些觀光客，在離開這個藍天白雲的國家時，都會在衣襟上別一個鷸鴕別針，或是在衣箱行囊裏放幾個有著鷸鴕形相的煙灰缸、瓷盤或紙鎭等紀念物。

紐西蘭的朋友告訴我，這種鳥是當今世界唯一一種不會飛的鳥。一聽到牠們不能飛，我立刻爲牠感到深深的悲哀。這與很多年前我爲那株埋根於阿里山土壤中分毫不能移動的千年神木深深地悲哀一樣。

那是因爲我認爲，凡是鳥就應該飛；飛翔對任何一隻鳥來說，都是牠的本能、權利、責任。祇有飛過的鳥才快樂，才自由，才幸福，就像「游」過的魚

一樣。沒有飛過的鳥，不知天多亮麗，沒游過的魚，也不知海有多浩瀚。鳥不飛而魚不游，牠們生活、生存的價值和意義又在那裏呢？不過，「飛」是鳥的事，「游」是魚的事，且不去管它，但是人呢？人的生活意義和生存的價值又是什麼呢？

我以爲那是「愛」，祇有愛才能夠提高人的品質、服務、奉獻和犧牲，建立和諧的社會與大同世界。

孔子的「有教無類」，杜甫的「安得廣厦千萬間」，孟嘗君天天請三千人吃飯等等，都是愛的表現。祇有愛才能擴散和發揚仁慈、善良、謙遜、誠實等美好品德的人性光輝。

愛是推動人類向前的動力，愛是提升人類向上的能源。凡是「愛」過的人都不虛此生，願人人都「愛」——愛己，也愛人。

王大空　大眾傳播學者、教授

從店內到店外

黄得時

人是社會性的動物，一天也不能離羣索居，從早上起來到晚上睡覺，必須跟各種各樣的人接觸。這個時候，假如能夠用感謝的心情和喜悅的笑容來對待，那麼不但任何困難的問題都能够在和和藹藹裏得到了圓滿的解決，還能够跟別人之間，建立歷久不變的友誼關係。尤其是賣主跟顧客之間這種關係最爲重要。

記得距今約二十餘年前，我曾去日本旅行。有一天，在東京擠在水泄不通的電車裏，一手揪住電車的拉手（吊帶），一手抱着剛從「三越」百貨公司買來的一包東西。我站在人潮之中，隨車子之搖動而東倒西歪，幾乎站不住脚。正在這個時候，坐在我的前面，有一位年輕的小姐，突然站了起來，將她的座位讓給我坐。我感覺有點莫名其妙，就問她說：

「小姐，謝謝您的好意。但是我要問您，我並不是六七十歲的老人，您爲甚麼要將位子讓給我坐呢？」

那位小姐現出很可愛的笑容，指着我夾在腋下的那包東西說：

「您這一包是從『三越』買來的，由包裝紙可以知道。我是『三越』的店員，您是『三越』的顧客，所以把位子讓給我們的顧客，是應該的啦！我們不但在店內要對顧客親切，就是在店外，知道是我們的顧客，一律都要以親切相待。」

我聽了恍然大悟，原來日本的店員之親切能夠做到這種地步——從店內擴大到店外，多麼令人欽佩！

日本為甚麼能夠成為世界的經濟大國呢？從這則小小的事實，可以看出其端倪來！

我國由於人口膨脹太快，工商業發達太速，人人祇重視現實，而失去了人情味，所以希望來一次親切大運動，挽回失去的禮貌觀念。那麼我們的社會必能夠更明朗、更快樂。

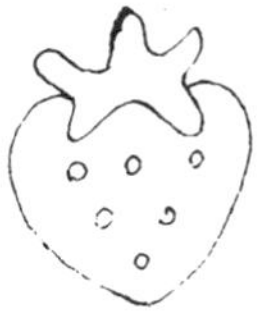

黃得時　作家。曾任臺灣大學教授

勤樓

顏伯勤

書房，是我最心愛的一個房間。近十年多來，我在家時，大部分的光陰都用在書房裏，遇到星期例假日，常常整天都浸坐其中。

在我擁有這間書房以前，已是一個有二十年經驗的新聞傳播工作者，並從新聞傳播擴大研究到廣告傳播，更和看書、寫稿及教學結了不解緣。再加上自己很重視收集資料，深深感到資料能印證研究心得，於是資料又成了我的良伴。

此時，妻和一對兒女，都體念我應該有一間書房。我們住在一幢公寓的最高一層，屋頂的平台屬於我家私有。妻和兒女遂計畫以屋頂的一部分，爲我搭一間書房。差不多費了二年的時間，終於搭成了。以後，逐年添一點，加一點，漸漸成爲一間頗有些雅意的書房，集中了我的書和資料。

初期幾年，由我和兒女合用，我們二代之間，相約不將書房作聊天用，祇是寫和讀的小天地。就在這間書房內，幫助了兒女完成他們的學業；亦幫助了

我完成了兩本書。近幾年，兒女都先後長大自立，我獨擁有了這間書房，又完成了兩本書。我將書房定名為「勤樓」，勉勵自己，以勤補拙。

屋頂上的「勤樓」，夏天很熱，但夠安靜。有時，能令人體會到「心靜自然涼」和醉於沉思。而冬日多溫暖，當我伏桌埋頭寫稿時，妻坐一旁織毛衣或用針線，那一分寧靜之美，可視為是人間的小仙境。

我很珍惜這片小天地。其中一點一滴，都是我們全家人的心血。滿室的書和資料，讓我享受到擁有書房之樂；這是妻和兒女為我設計搭建的。打掃書房，亦已成為妻在日常生活上的一樂。

顏伯勤　輔仁大學教授

假如美國總統是中國人

曾虛白

假如美國總統是中國人，兩伊戰爭美國不會吃這樣大的虧。

東西政治哲學極大不同。中國人注重道統，眞理常靑，千古不易；美國今日祇知實用，眞理隨環境而變，利之所在，國家隨之，永遠搖擺不定。試以兩伊戰爭爲例說明之。

美國何以在中東地區弄得焦頭爛額？因爲美國未好好利用伊朗的戰略衝要價値。美國原來支持伊朗，蘇聯支持伊拉克，兩伊戰爭正是美國對付蘇聯一個很好的機會。可惜美國支持巴勒維，而巴是個不合美國民主標準的獨裁國王，故在國內不能得到民心，終爲何梅尼推翻。美國原應支持伊朗人民所擁護的宗敎領袖何梅尼，卻因遷就環境現實，圖近利舍遠謀，棄何扶巴，導致何上台後的人質問題。而伊拉克在蘇聯扶助下，鑑於伊朗動亂有機可乘，掀起兩伊戰爭，構成今日幾乎控制阿拉伯水域及波斯灣峽口的威脅；伊拉克的勝利就是蘇聯勢力直衝印度洋的前奏，也是美國在亞洲勢力衰退的警鐘。

美國、伊朗爲三十年的同盟，祇因美國愚昧、是非不明，造成絕塵而去的悲劇，正如棄我中國五十年盟友如敝屣同樣令人浩嘆。

假如美國總統是中國人，我們一定支持人民所支持的宗教領袖，就不生今日的所謂伊朗問題了。又假如何梅尼是中國人，亦不會因巴勒維下台而與美國反目成仇；必以國家爲重，與美爲友，共同對付伊拉克與蘇聯，自無人質問題亦無兩伊戰爭了。

中國人傳統觀念的政治哲學，是非分明，善惡有別，友是友，敵是敵，從堯、舜以迄　國父到　蔣公，眞理一貫，萬古長青。美國的實用主義祇求配合環境，環境常變，是非隨而變化，致令是非不明，敵友不分，昔之敵人可成朋友，今之朋友亦可反目。中國人的道統以是非定國策，合乎天理與民心，有必勝必成的把握；美國人配合環境形成的國策，將因環境的轉變而無所適從。

曾虛白　新聞學者。曾任中國文化大學三民主義研究所所長

我為人人，人人為我

林昭揚

九月初的一個星期天早晨，我從日本九州熊本市坐公共汽車到機場去。

車子在薄霧中行駛在寬濶的公路上，開到郊外時，隱約看到在前方有一羣人停留在公路旁，有大人，也有兒童，大家似乎都在忙碌地工作。等到車子駛近他們，才看清楚，原來是父母帶著孩子們在勞動服務。

他們的臉上露著笑容，起勁地動手拔除路邊的野草。車子迅速地經過那些勤勉的人們後，我不禁落入了沈思。

我猜想，他們大概都是附近的居民，爲了讓孩子了解勞動、服務以及睦鄰、合作的意義，而帶他們來勞動服務。

在孩子們的心裏，可能因此而深深領悟到爲公衆服務，是一件多麼快樂的事，而父母以身作則，帶頭工作，必定會在孩子們幼小的心靈中，種下公德心的幼苗，並且助其成長。

最近我參加青年工作會與教育部共同主辦的一項會議，很榮幸聽到　蔣總

統的致詞。其中也提到「現行教育應該加強青少年的生活教育，尤其是公德心的培養」。

公德心可以解釋作對團體有堅強的責任心與榮譽感，一個有公德心的人，爲了克盡其對團體的責任與確保團體的榮譽，常常不惜犧牲其個人的福祉。這種修養，擴而充之，就可以做到「以國家興亡爲己任，置個人死生於度外」。

公德心從小時開始培養，自家庭教育奠定基礎，而僅僅言教，也不易有深刻的影響，必須要長上能力行身教，方可以期待豐碩的成果。美國教育哲學家杜威提倡「教育卽生活」，卽在於肯定教育不能離開生活的規範，也就是從生活的實踐中，使青少年能獲得良好的啓示。

今天的社會，是以兼利爲目的，以合作爲依歸。因此，使青少年對社會、國家具有透徹的了解，而協力同心，相互扶助，服務貢獻，去小我而全大我，是我們從事教育工作的人無可旁貸的責任。

林昭陽　工程師。曾任大同工學院教務長、臺灣通信工業公司董事長

服務風度

謝安田

常常聽到朋友說，先進國的機關服務好，而國內有些機關很官僚；先進的公司以顧客的立場設身處地，國內服務人員以自己的立場處理顧客的問題。其實服務的好壞，差別在於服務人員的態度而已。例如顧客打電話來，要求服務，接電話的人顯出很不耐煩的態度，語氣不好，顧客自然會產生不良的印象。同樣的一句話，回答得客客氣氣地，會留給對方無比美好的印象。

加拿大的百貨公司設有顧客退貨部，只要顧客不想或「感覺」不再要這東西，不管拆了、用了、穿了沒有，都可把貨退回，百貨公司還得笑咪咪的原金奉還。有沒有人耍賴退貨？有！但爲數極少，百貨公司秉持的原則是「顧客第一」。

一個機關、公司給人印象的好壞由什麼人來代表呢？應該是機關、公司的每一個人。若每一個人工作時，都會想到自己的表現與機關、公司給人印象之優劣有關的話，自然會好好表現。

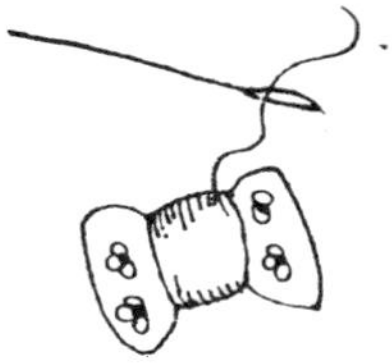

有些人認爲，一兩次表現不佳，不致於影響一個團體的聲譽好壞。其實不然，俗云「一粒老鼠屎，壞了一鍋粥」，就是這個道理。

或有人認爲，工作久了，必然會煩；電話聽久了，也就惱人了；此乃人情之常。乍看之下，似乎很有道理，然仔細一想，卻不盡然。

在經營上，須考慮那些人個性不適合擔任與顧客接觸的工作，而不派他擔任與顧客接觸多的工作；擔任同一職位久了，應有輪調制度來緩和其倦怠感。

每位工作人員應了解，自己的行爲表現，將使團體受榮或受辱，對自己的言行豈可不愼呢？

因此，「謝謝您」、「對不起」常掛在嘴邊，加上心平氣和的語氣，應該是一般人服務的基本態度，也是衡量一個機關、團體服務好壞的起碼標準。

謝安田　事業經營學者。哈佛大學博士，大同工學院經營研究所教授

人人愛讀書

賴明佶

最近美國人的自嘆和自勵是：「日本能，爲什麼我們不能？」比較美國也罷，比較日本也罷，不諱言地說，我們的科技和經濟，都是落後人家一大截的。爲什麼落後？最大的因素在於：我們的讀書人太少。

讀書人？是士大夫、書呆子？還是學校老師和學生？我想到過東京的人大概都看過，就是在地下鐵裏，那些數不清的捧着書報看的勞勞碌碌、來來往往而不忘隨時隨地追求知識的小市民。

歐美的新知新書，日本人在一個月之內就可以用低廉的代價買到日譯本。他們讀者大衆的思想和眼光，因之可以與時俱進，走在時代尖端。文化事業、知識工業的龐大和進步，帶動了他們整體的科技和經濟飛躍成長。

我們的讀書人——國民大衆，可就沒有那般福氣。美國？請看「午夜牛郎」。日本？請看「雪地之死」。讀書人，難得有好書可讀；知識那裏來？於是，沒有知識，行動也就永遠慢半拍。

我們以文化古國爲傲，現在豈能以知識沙漠蒙羞？

文化事業、知識工業，是整個國家進步的根本基礎；目前，斥資二三十億辦家工廠，已是毫不稀奇，可是，有誰想過投資兩三億辦個文化事業、知識工業？

這項大事業、大工業，以往在國內，因爲少有人拿「辦事業、辦工業」的眼光來投資、來經營，因此向來稀稀鬆鬆，似有若無。然而，日本能，歐美能，爲什麼我們不能？但願政府機構也好，民間企業也好，第一步，是希望有識見、有魄力、有抱負的投資者勇於挺身而出；第二步，希望覓致有能力、有經驗、有作爲的產銷人才合力經營。

如果我們的文化事業、知識工業能夠起步；如果我們期望科技、經濟再趨前一步；但願我們的國民，人人皆能爲讀書人！

賴明佶　現任TVBS周刊副社長

緊急與重要

人生中總好像有些一直想做卻永遠找不出時間來做的事，例如一本一直想看的書，一場非得一睹不可的電影，一封早該回的信，一張買回來想聽的唱片……可是我們往往會因爲有更「重要」的事情，而將這些事拖延或遺忘了。

我曾經讀過這樣一篇文章。作者提到，有一晚他正忙於從辦公室帶回家的公事時，他的三歲小女兒悄悄地走進來，拉着他的衣袖要陪她出去玩，不知何故，他很不耐煩地叫她自己出去玩，不久後祇聽到外面「嘎」的一聲，出去一瞧，躺在車下的赫然就是自己的女兒，而他也因此終身不能原諒自己當時爲何不肯抽出一點時間給自己的女兒呢？

事實上，冷靜地反省一下，我們急着去做的事情，是不是全然那麼「重要」呢？我想絕大部分是不盡然的。我們急於去做的事，大部分祇是「緊急」的，而不一定是「重要」的，但不幸的是，當我們一直忙於一些「緊急」的事務時，不知不覺地便將「重要」的事給忘卻了。

譬如說人生吧，大家都承認：知道爲什麼活着比活下去之本身更重要，否則人跟禽獸就沒有什麼分別了。平常大家見了面，總是問對方：「吃飽嗎？」「生意好不好？」而不問：「你活得好不好呢？」「你快樂不快樂？」似乎生活中吃喝賺錢之事遠比追求生命的意義更加重要。如果常常自問：「我活着的目的爲何？」也許可以提醒自己，面對人生，反省人生。生活就好比一張轉動的唱片，每天週而復始，一圈又一圈地旋轉下去，然而遲早我們會發現，人生就和唱片一樣，是有它終止的一天的。當你走到生命的盡頭前，才憬然發覺，自己終日機械化地忙於解釋自認爲緊急的問題，而沒有讓生命發揮出人生應有的美好音符時，豈不要對自己一輩子祇在忙於「緊急」事件而忘了「重要」的目的而後悔不已呢？

盼望我們能在繁忙的工作之餘，分析一下自己的生命，也調整一下自己的作息，讓我們在忙於緊急的事務之外，也留些心去做更重要的事，使我們的生命**更加豐實，更有意義吧！**

阮大年　科學家。曾任教育部次長，現任東海大學校長

勇氣

紀政

從我十六歲踏入世界田徑競技場以來，不管是在運動場上、體育行政上或者是國民外交上，我都得到太多的嘉賞；有時候，我自己覺得非常慚愧，因爲我所做的，本是一個國民應盡的責任和義務。若說在某方面有什麼表現，那祇是因爲我對那些工作全力以赴，又剛好有適當的機會讓我發揮。我相信，要是別人有相同的機會，他也會在該領域有很好的成績。

經常有朋友問我：爲什麼妳能夠有那麼好的成績？我總是很誠懇地告訴他：因爲我有一分深摯的國家愛和來自信心的勇氣。這話是我的肺腑之言，因爲祇有國際競技場上，才會深切感受到國家的重要，才會感到自己責任的重大。

記得一九六三年我剛到美國時，教我英文的老師曾告訴我：「失掉金錢，失掉了某些東西；失掉了愛，喪失大部分人生；失掉勇氣，你就一無所有了。」這三句話成爲我往後做事的指標。

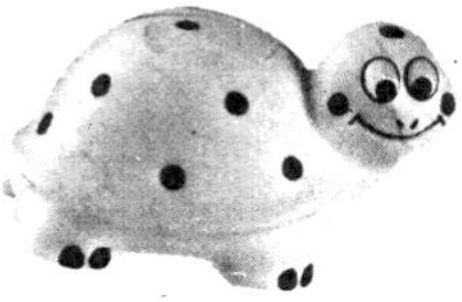

近年來，從工作與生活中，我感覺到有一種現象，那就是當我們打算從事一項工作時，常先想到對自己的壞處或好處，缺乏開闊的胸懷，許多計畫也就因沒有勇氣而沒有開始，因沒有開始也就沒有成功的機會。

當然，勇氣有轉弱或消失的時候，所以我乃在鑲着貝殼的鏡子下面，貼了一首我喜愛的小詩，以時常自勉：

「又是新的一天，上蒼賜給我這新的一天，我做什麼都可以，

我可以浪擲虛度，也可以小心珍重。

今天我要做的事非常重要，因爲我把生命中的一天和它做交換，

當明天來到，今天永遠消逝，塡補它空缺的是我所完成的事。

我努力耕耘，不要損失。

我選擇良善，不要邪惡。我希望成功，不要失敗。

因爲我要永遠記住，我爲它們所付出的是我生命裏的每一天。」

紀政　體育家

「七十」

施俊文

國曆新年剛過去，農曆春節又到來，在短短六個星期中兩度新年，不祇多一層歡度假期的理由，又何嘗不可藉此作一番省察過去、策勵將來的功夫？尤其是今年，正逢中華民國七十年代的開始，「七十」這個數字，對我們更具有深刻的意義。

「七十」對我們的第一個啓示是「突破」：

「人生七十古來稀」，在今天來說，由於醫學的進步，流行疾病的防治，公共衞生的重視，保健知識的普及，早已突破了古稀的界限。根據內政部最近發表的資料，臺灣地區國人的平均壽命，男性爲六十八·二九歲，女性爲七十三·〇二歲，享年七、八十歲已不足奇。但這種突破，得來不易。如果沒有大家團結合作，共同促進經濟成長，社會繁榮、政治安定、工商發達，我們那來豐衣足食的生活，更談不上個人的保健與養生之道了。

再從國家七十年來的處境看，能不斷地從一次次苦難的考驗中突破一連串的危機，無一不是在艱彌厲、流血流汗的結果；洪憲帝制、軍閥割據、列強覬覦、日閥逞凶、共匪叛亂，全是由於掌舵者的睿智、堅定，全國上下的忠誠、勇敢，才會寫下了突破重重危機的光輝紀錄。

「七十」給我們的另一個啓示是「創新」：

黨國耆宿張岳公說：「人生七十方開始」。「方開始」，不祇代表了一種生機、一股充沛的力量，也象徵了積極創造、自強不息的人生觀，所以也可說是「創新」的起點。

經濟學家熊彼德指出：一個國家的經濟發展，有賴於企業家的不斷創新。因此，他把促進經濟發展的企業叫做「創新者」。我們該如何自勉自勵，以學術結合技術，進行研究工作與經營方式的創新，不單關係到國家經濟晉級與工業升段的成敗，也是統一中國意識形態與政經制度的關鍵。

我以爲，「七十」給我們的啓示是：突破、再突破；創新、再創新。願我們抱持着這樣的壯志豪情，邁進中華民國的七十年代。

施俊文　曾任國父紀念館館長

有了根，就有了喜悅

尉天驄

年少的時候，我曾經和一位朋友，在一個極爲僻遠的鄉間小學裏借住過幾天。那是一座舊廟改成的小學，除了幾排課桌外，根本談不上甚麼設備；但那裏的氣氛卻一直在我心上留下深刻的印象，尤其那位和我們同住的教書先生的一舉一動，都使人覺得是「儒者」最生動的解釋。

我們去的時候，學校的假期還沒有放完，整個廟宇顯得格外冷清，當我們邁進廟門之時，一位一襲粗布短衫、看來像一個農夫的人剛打掃好院子，正挑着一擔水在那裏澆菜澆花；我對我的朋友說：這大概是學校的校工。那知一經攀談，才知道他就是學校的校長，也是學校的唯一的老師。

他接過親戚的介紹信，招呼我們把背包拿到房裏去，和他同住。

那間房子眞不虧是以往僧侶修持的地方，除了走廊上簡單的炊具，屋子裏祇有簡單的臥具和書架子，再有，也不過那一囊攤在地上的舊書了。

他不大講話，然而幾天的共處，卻使人獲得不少智慧。每天一大早，當四處的雲煙還未曾散盡的時候，看他一個人昂首於山野的庭院裏，小小的天地一時使人感到是一片無窮大的宇宙。

後來年齡長大，每當面對一些都市中的顯赫人物時，總覺得俯仰之間，他們的世界是遠遠比不上那位僧侶型的人物的。

爲甚麼會如此呢？我想臨行前他所說的話應該是最好的解釋。

我們問他：活在這種日子裏難道不寂寞嗎？

他說：「寂寞甚麼呢？這裏有我要教的孩子和我要做的事，在這些工作中有我所肯定的理想和目標。以前，我也是活在熱鬧中的人，久了才發現沒有目的的生活是比甚麼都空虛的，而且，走到那裏，似乎沒有一個地方眞正屬於自己；尤其在一些聲色場所，如果去掉了刺激品，那才眞是致命的寂寞呢！」

他說着這些我們當時並不全懂的語言，然而，年齡愈長，漂泊愈久，我們才漸漸領會了他那在生活中尋到了根的喜悅；卽使在破廟裏，在窮苦的孩子之中，至少他已擁有了一個無窮的宇宙！

尉天驄　作家。政治大學教授

理性客觀的判斷力

鄧昌國

生活在即將進入廿一世紀的時代裏，一些由新發明的科技帶來的生活改變，被大衆不加思考，有時甚至危險地認同跟隨着。其中最重要與影響最大的，莫過於飛速成長與普遍化的大衆傳播工具。這種對大家會產生絕對影響的工具，被政治家、工商企業家有效的利用着。

當然我們不可否認大衆傳播使更多的人獲得較廣的知識。一般說來，它有報導、解釋、建議、娛樂、廣告五功能。其中「解釋」與「建議」往往會給大衆一種先入為主、立場不够客觀的見解。「廣告」更是包含「宣傳」與「說服」的兩種內涵。為了達到廣告的效果，「宣傳」與「說服」又常是誇大與不實，這種可以說近乎「欺騙」的技巧像是一種痲醉劑，明知不一定好或不一定有效，但一般大衆仍然被宣傳力量所驅使，漸漸形成不用思考的習慣。於是我們常生活在被動而不自知的環境之中。

令人隱憂的是，在大衆傳播影響下，似乎人人必須利用它或遷就它，才能

在今日世界生存。以美國爲例，它地域遼闊，人人雖有汽車代步，但仍然感覺聚集不甚方便，因此，造成大家留在家中依賴電視、廣播、報紙、雜誌來得到消息、知識，溝通觀念，其中尤其利用電視所占的百分比最高。誰能掌握了電視誰就能上成功寶座，但美國三大電視網所提供的新聞及其它節目是否客觀？涵蓋的範圍是否完整？水準是否理想？恐怕很少人去想它。因此被大衆傳播所報導鼓吹，也被大衆盲目接受的，便被認爲是好的；不能影響大衆的，就是被摒棄的，無實際價值的東西。這似乎已成了一個定律。這是何等危險的一個時代！

商品與政治理想利用大衆傳播達到宣傳的目的是可了解的。但今日許多實例證明，藝術品若無大衆傳播介紹似乎無法被認可、被賞識。其中一些濫竽充數之作，經過不斷誇大宣傳，也可能被認爲是天才作品。故我們必須以理性客觀的判斷力來欣賞作品，認清事物，不然這世界會令人悲觀的呢！

鄧昌國　音樂家

我們要做的事太多

我不太喜歡旅行，總覺得排隊辦出入境手續、等飛機以及住旅館的生活是最不舒服的。舉例說：一九五八年從美國回來後，就未再去過，直到今年三月，一家美國公司邀我去西雅圖開會，才出國作一次不必自己付費的旅行。

走了不少外國的城市，更使我覺得國內可做和應做的事太多。例如電子時代來臨了，電腦機器越製越精巧，售價越來越便宜，用途越來越廣。我參觀紐約時報，從編輯部看到印刷房，電腦代替了打字機和排字機，原來雇用一千人的地方，現在祇用四百人；該報人員說，到了明年，還可再減一百個人。轉到華府，在華盛頓郵報又看到了電腦將新聞傳給九千個家庭訂戶。

在可見的將來，電腦會變成一件無所不在的東西。我們必須準備迎接這樣的日子。我們國內製造電腦的公司以及經銷電腦的公司不少，似應多印介紹電腦知識的小冊子，多辦傳授使用電腦技能的講習班，幫助更多的人們懂得它，會用它。這不僅可以多銷電腦機器，還可助使我們的社會早日進入電子時代。

美國的 Digital 公司正在這樣做。

此外，每到一個大城市，必去看看大的公共圖書館；每到一個小城鎮，也必去看看小的公共圖書館。建築是那麼好，書籍是那麼多，分門別類，每一部門都有可以坐下來閱覽的桌椅，還可以仰臥在沙發上看書，而所有的書架都是開放式的，隨便取書來讀。如要借書回家，祇須在出口處辦個手續。這眞使我羨慕不已。知識是一切力量的來源，如果社會大衆沒有新知識，社會是很難現代化的。我們國內各縣市的圖書館如同虛設，政府中似乎無人想到應該在這方面多花費；縱使撥了足够的經費，恐怕也不會有內行人去辦事，也會變成另一形式的官僚機構。我眞希望國內的大企業家們捐錢來蓋圖書館，再聘國內大學圖書館系畢業的人來管理。

這種工作是根本性的，我們把它做好了，才能眞正厚植國力，在世界舞臺上與人一爭長短。

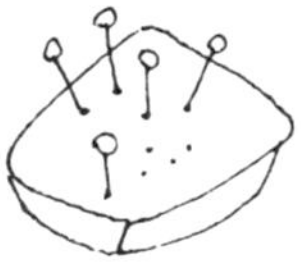

張任飛　新聞學者。曾任政治大學教授，婦女雜誌社發行人

大學新生代

歐陽醇

這個月，新聞系四年級同學就要畢業離別學校了。

預官考試揭曉後，其中有八位同學未錄取。

就在那天清晨，新聞館走廊布告欄，張貼了一張秀麗字跡的壁報：

無論做官

或是當兵

你們都是……

我的驕傲

新四女孩兒的話

應屆畢業的新四男同學這一天好快樂，他們發覺班上的每一位女同學都那麼可愛。

在一次畢業同學歡送會上，與吳助教長談了一次。他認爲回家鄉服務較之在臺北工作更有意義。他要回臺中縣東勢鎭辦社區報。他沒有足够的財力與夥件，但是有同鄉服務的熱忱、毅力與新聞工作的志趣抱負。三位三年級同學聞悉此事，就在前年暑假陪伴吳助教同東勢，七月十五日在東勢鎮創辦了一份服務桑梓的「山城週報」。

遠在美國密蘇里大學新聞學院深造的一位女同學，最近來函說：

「去年十月底，我壯起膽子向學校申請參加倫敦實習。許多美國同學視倫敦實習爲畏途，不敢輕言嘗試……前些日子接到學校的通知，准許我參加今年的倫敦實習。

在我之前，從未有中國同學參加倫敦實習，因此覺得責任重大，有不勝戒愼之感。而且有一名中共學生也獲甄選赴英，使我更覺得此行不能有差錯貽笑之情事。……」

年輕學子離開學校的懷抱，即要面臨社會不同生活的磨鍊、考驗和挑戰。但他們都充滿信心，樂觀地迎上前去，這是國家最珍貴的財富。

歐陽醇　新聞學者

莫輕率對別人失望

曾昭旭

我們有時所以會對人產生失望之情，實在是由於我們原即對他有所期望。我們可以這樣說：對人有所期望，就是人間一切高貴情操的總根源。這代表我們在內心有一分對「人」的理想。所以我們遇到一個人，才會自然地認爲他應該要這樣，應該會那樣。雖則每個人心目中所認爲應該的，或我們對每個人所認爲應該的，各有不同，但同有一個「應該」之念則一致。

換句話說，我們都很自然的以一分理想的眼光來看別人，來要求這個世界。這不是一分頂高貴的心情嗎？

然而，我們卻也因此而常對人、對世界產生失望之情。這失望直接看來，似乎是由於別人不够好、不符理想。但有限本來就是人間的本質，若認眞地問，我想每一個人也都會承認人之不完美。因此深一層去想，便知我們對人的失望，其實並非由於發現他的不完美，而實來自願他朝完美之路上更進一步，卻發現他竟安於有限，不能再有寸進。原來是這「不肯再進」傷害了我們心中對「人」的理想與期望，才使我們深感痛惜的啊！

所以，對別人失望，原也是發自人的道德心情，而爲人的一種頂高貴的情操。

然而，我們同時發現，輕率表示的失望，卻也足以造成對他人的傷害。這則由於雖然人人心中都有一個朦朧的、概略的「完美」、「理想」的觀念，卻極少人能明澈地了知它們僅僅是一分不可言說的形上境界，落到現實，其面貌實是因人而異的；遂於無意中逕以自己的模式爲通向完美的唯一之路，而漠然不見別人在他自己路上的辛苦前行，而竟以爲他了無寸進。以是，他的失望乃構成對別人的寃枉與傷害。

任何一種高貴的道德心情，當其表現失當時，都會產生如此嚴重的迫害，又何止期望與失望爲然呢！因此，願我們都能以誠敬謙遜之情，去欣賞別人的努力，並果行我們心中的愛。

曾昭旭　文學家。中央大學中文系主任

多為別人想，多為國家想

趙麗蓮

我時常自我調侃，說我不是這個時代的人，而是三代的人了。所以，也許我說的話有些老古板，不過，我是中國人，也一直從事教育工作，因此，我想談談我最欣賞的是什麼樣的生活，以及我覺得作爲一個中國人應該要怎麼樣。

我們中國文化的精華是倫理與道德，不是物質文明。

我講這話，是因爲我欣賞，並且體驗過它的內涵。我作過老師，也作過母親、祖母，現在已經是曾祖母了。我看見孩子們長大，也很受學生們的敬重，可是我發現現在的學生已經不像從前，現代的人所享受的也與從前大不相同；現代的中國人太現實、太物質化了。

我生在前清，又經歷民國至今的七十年歷史，在這個期間，經過革命、北伐、抗戰、剿匪，生活相當的苦，可是當時的人們卻很少爲自己着想；甚至連自己的兒女都毫不吝惜地送去爲國家作戰、犧牲。但是，現代的人是不是也仍然這樣呢？憑良心說，絕對不是！現代的人祇要自己多得利益，自己或兒女可

以到外國，可以無憂地生活便已滿足。但是自己存在，若國家不存在了，那該怎麼辦呢？

參加過金鐘獎頒獎典禮後，許多人都說我那天的話講得很好，其實我那天所說的話是給外國人聽的，我說的是中國文化的精華，而不是現代中國人的特質；現代的中國人已經缺少從前的那種尊師重道、敬老尊賢、服膺倫理道德的精神了，我們必須多思考這個問題。

每個人都不能永遠年輕，將來都會老去，有一天當你老了，你是不是希望兒女與學生像你現在對待你的父母、師長那樣對待你呢？

把自己的文化擱下，盲目地仿效西方的物質享受，是一條往下坡走的路；我由衷希望大家，重視自己的文化，多為別人想，多為國家想，使我們的生活和國家的發展，都植基在更高的層次之上。

趙麗蓮　教育家

懷遠思人

有人帶來了一封信。那封信看筆跡，是左永安小妹妹寫的；口氣仍然是左海倫教授的。大概是母親口授，女兒筆述；算母女合作的一封信。信一開頭，就敍述海倫因車禍，斷了四根肋骨，現正療養中，且日有起色。這訊息對我而言，有很強烈的磁電感應。——老去情懷，最怕聽的，就是最初的眼淚，最後的悲哀那樣的詩句；最怕看的，也就是飄零黃葉，似水年華那樣的景色。

生命本是無常的。這樣才用得上生命的銳氣，才表現得出頑強的生命力。這樣我們才眞懂得生命裏邊的寂寥以及這濃濃層層包裹著的悲劇意識。我們面對無私的命運時，好證明逃避之無效！

海倫垂老去國，實在有不得已的苦衷。她並不缺少頑強的生命力，也善用其生命的銳氣，但因處在中國文學系那樣的環境裏，孤軍奮戰，有抱負無處施展，有理想得不到回應。她要進行眞正的中國文學教育，可是一大批人卻喊出「文學根本是不能教的！」好像「文學」是江湖玩藝，壓根兒就無「學術」可

言似的。海倫後來到太平洋彼岸去教文學，用具體事實證明中國文學不獨是門學術，而且還具備學術的尊嚴。

這位小小巧巧、精緻而充滿活力的教授，臨行時曾指斥「文學是不能教的」，純屬胡說！她有幾個論點，如今回憶起來仍屬堅強有力。說文學是不能教的人，嘴上講的跟手上寫的永遠不能夠合套。說起來天花亂墜，寫起來鷄手鴨腳，於是，就祇好衆口一詞，說出這樣巴鼻的話來了。說文學是不能教的人，其生活經驗跟文學創作不能合套。向死書東抄西襲，成爲了文學上的侏儒。祇有向活經驗去索取的，才會成就文學上的巨人，而這方面剛好是那些人認識不到的。還有，她極力主張，靠別人的光來照亮自己的人，算不得好漢，祇有用自己頑強的生命力，有實證自己存在的人，才算漢子！眞是率眞忠言。

現在我們讀她的最近出版的「左海倫文選」，一位「懷沙的人」的影子，多麼清晰地矗立在眼前。遙遠的祝福，也就是最眞摯的祝福，祝福她早日康復！

文壽　本名趙滋蕃，作家

橋之語

人之患在好爲人師。爲人師表迄今已經近廿年了。

在這一段光陰中，我看到一批稚氣未脫的小男孩、小女生，來到我的身旁。爲了幼雛們的茁壯，我曾日夜費心；幾年之後，看到他們能有豐潤的羽翼，振翅高飛，我曾歡心，但我也爲他們就此走入渾沌陌生的社會漩渦，而憂心不已。

但是，年復一年，我看到他們一個接一個，戰勝了險惡的環境，出人頭地，儼然個個爲棟樑之才，我更爲自己的心血並未白付，而竟日歡愉。相信，這也是任何一位投身教育工作者，都曾經歷的感受，彷彿自己是一座橋，銜接了一代又一代。

多少年來，我一直默默以「橋」自許。雖然，我不敢以橋的力量自詡，以橋的功能自況，但我無時不冀望，自己能具備橋的忍辱負重精神。

橋有看得見的，也有看不見的。看得見的橋，把隔斷了的路銜接起來，疏

通兩岸的行人車輛，促進兩岸的繁榮。看不見的橋，能溝通人與人之間的思想，傳播情誼。

我以橋自許，無非是想盡到我的心力，努力使兩岸的人，有舒坦的橋可以走，銜接橋端的康莊大道。

在做事上，我願是座橋，在做人上，我更期許是座橋。因爲橋是不言不語的，默默爲往來匆匆的人們服務，當然橋不免要遭受橋上人的踐踏，但橋依然是橋，仍舊忍其辱負其重。

不獨教育上需要一座又一座的橋，在社會上尤需要人人藏於心的座座心橋。因爲隨著時代變遷，人際關係越來越淡薄了，在爾虞我詐的工商業社會裡，人際溝通越顯得重要，而這些溝通就靠座座的橋了。

因此，我以橋自期，也願以橋與人共勉，在此深切盼望，在鴻溝越來越多的社會中，有一座座牢固的橋來交流人際情感，使社會更和諧，更美好。

鄭貞銘　大衆傳播學者。文化大學教授

文藝的邊緣

楊耐冬

有一個非常熱愛文藝的年輕人，深夜訪談中告訴我說：「我從查理斯•布朗遜的鬍子看見了文藝；從林懷民的舞步看見了文藝；從由國外請來的維也納合唱團的歌聲聽見了文藝；從『小鄧』的歌聲聽見了文藝；從中山北路的畫家畫廊看見了文藝。」

他還說了許多看見了文藝與聽見文藝的事情，最後他嘆息說：「怎麼筆不會跳舞，握筆的人不會化粧表演也在我們的文藝季出來作『秀』呢？」

我告訴他說，青蛙喜歡在夜裡的池塘邊高聲鳴叫。諾貝爾文學獎得主伊利亞•堪乃提當然是個握筆的人，他的懂得隱藏回答了你的問題。

但是，這個年輕人對我的答覆並不滿意，他那種不滿意似乎是認爲我的話太簡略了。於是，我對他說：

「有一次，我在一處荒原上漫步，聽見風對太陽說，『你可以改變你的軌道或改變你的熱力，讓人們不再說你從東方升起。』太陽說，『那樣，我就不是太陽了，』

現在，有人以廣角度來掃描文藝，要爲中國新文化導向，除了音樂、美術、舞蹈以及歌唱都是文藝外，似乎鑑賞古董、郵票、仿古工藝，甚至破銅爛鐵都得列入文藝範圍之內，這樣來改變文藝的軌道與內涵，文藝是否仍可叫做文藝呢？」

這位年輕人聽了我這番話後有所領悟似地點點頭，表示他懂了，但是我知道他所了解的文藝，是祇見繁茂的枝葉，未見青蒼的樹幹。

我更清楚有些事情不是「八百字小語」說得清楚的，於是我在心裡斷章取義地默念詩經「牆有茨」裡的那幾句詩，藉以抒感：

牆有茨，不可掃也；

中冓之言，不可道也：

所可道也，言之醜也。

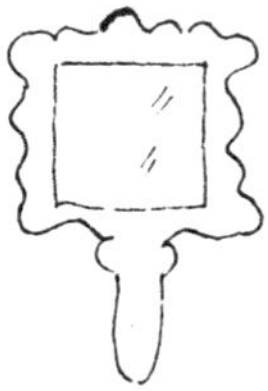

楊耐冬　作家

盒子與生活

游博光

在我們的生活——特別是都市生活——當中，有一個習而不察的現象，久而久之，逐漸固僵了我們的生活方式，拘限了活潑的思考與表達，那卽是：我們太依賴直線、太信靠直角。

首先，我們看看四周的環境。我們住的房子、睡的床、辦公的桌子、坐的電梯、搭的車子、看的書籍，甚至便當盒都是四方形的。我們跟四方形的接觸遠比跟三角形、圓形的接觸多，其他形狀那更不用說了。

想想看，我們早上從四方形的床起來，坐在四方形的餐桌前吃飯，孩子背著四方形的書包上學，男人提著四方形的公事包上班，擠起四方形的車子，走進四方形的電梯，到了辦公室又坐在四方形的桌子前，中午打開四方形的便當，晚上坐在四方形電視機前面。這麼多四方形對我們是一種無形的約束，我們的生活被壓縮在這個四方形所構成的盒子當中，對我們是一種壓迫。但是我們和孩子、親人，我們和鄰居、同事之間的溝通，都要在這個盒子中進行，如

果這些盒子單調、呆板，長期主導我們的日常行事，社會、家庭會有什麼問題發生就不難想見了。

如何把這種壓迫紓解，使我們的生活和諧、愉快又多采多姿？我認爲有二個方法：一是充實四方形盒子的內涵，一是打破四方形的規則，跳出盒子到另一個沒有方形壓迫的世界去。

在充實盒子的內涵上，各行各業都有責任。比如把小小的煙灰缸造形趣味化，把咖啡杯的手把造形變一下，這些淡淡的趣味就可組成愉快美好的氣氛。又如方形的電視中有充實的節目，方形的音箱有優美的音樂，方形的銀幕上有好電影，方形書籍中有好內容，都是充實盒子內涵的具體方法。有了充實的內涵，必能疏通盒子所產生的壓迫感。

在跳出盒子方面，走向戶外是最簡單而有效的辦法；上山下海，到公園，到野外。這些地方沒有呆板的方形拘束，可以暫時擺脫盒子的壓迫感。

如果我們能用這種方法來檢視我們的生活，許多問題必可迎刃而解。

許博允　音樂家。新象藝術活動推展中心負責人

回台記感

余阿勳

這次參加亞洲華文作家會議，在臺北停留了八九天，覺得我們的生活環境起了很大的變化，最顯著的一點，就是我們的年輕大衆，大都朝氣蓬勃，對新知識和新觀念的探討，充滿如飢似渴的慾望，連帶的，促使我們的政治、文化、經濟等方面，也都朝着新時代邁出着實的步伐。

在進步的過程中，淺近與學習是不可免的，而更重要的是，我們如何拿出勇氣和智慧來面對這個階段。譬如一個外觀豪華的大飯店，裡面的「管理」竟是如此鬆懈，這就使人聯想到，最接近外來文化的部分都這樣缺乏敏感，其他廣大的部門，如何能在短期內趕上人家呢？我們建議負責「管理」的人，多到外面去現地吸取經驗，才能作更進步、更合理化的改良。例如櫃台與服務中心的聯繫協調，電腦系統的有效運用以及換班任務交代等等，都是非常迫切的。

政府對於作家們，還是多給他們安靜的時間寫作，開會不宜多，一年相聚一次就夠了。說到這裡，又要回到保障版權的老問題上來。我總覺得，我們的

作家很多是被商人「吃定了」的可憐無助的對象。在日本若侵害作者權益或盜印別人作品，是轟動社會的大新聞，大衆羣起攻之，政府追究得他們無容身之地，那像我們專幹盜印和「盜作者名」而依然發財得可以移居美國的？眞眞不可思議。

開完會去中華路一家百貨店看看，一樓的廉價衣拍賣處，有幾個壯士店員邊叫喊邊吹哨子，哨音之強烈、之尖銳，決不亞於警察圍捕現行犯的哨音。或許這是因爲嗓門壓不過門前的喇叭聲所致，然而爲什麼民衆變得這樣免疫於噪音了呢？臺北市確實很難找到一角寧靜得聽見鳥叫聲的住宅區。

歸途繞到和平東路學生輔導中心去看一位老朋友，別後幾年，他爲教育獻身的精神，特別是熱愛教育改革而不顧個人得失的實踐態度，使我感到一切以個人名位爲重的觀念已經過時了，一次改革便出現一次進步的時代已經來臨了。

余阿勳　作家

與草木同生

陳恆嘉

不管你活得顯赫，也不管你生得卑賤，我們知道：當生命終了，我們都不免「與草木同朽」；但是，幸好我不忘以草木爲師，所以，當災難來時，我才能「與草木同生」。

兩年前的一個夏日黃昏，天空先是陰霾密布，繼而不情不願地滴著疏疏的雨粒，把吸飽熱氣的柏油路面澆出一縷縷塵煙；我開著靈巧的三陽富貴六百的小車子，初時，竟見鬼一樣地在臺北市民和街附近迷了路，左轉右繞地，好不容易才在芝蔴大酒店附近拐出了信義路，誰知道災禍就伺伏在那裏。一部超速的中型貨車鬼差神遣似的，以六十公里時速的高速，闖過路中的黃線，攔腰撞了過來……鴨蛋碰石頭，我的愛駒不用說是全毀了，人呢，經過長達八個半小時的手術，如今我是活下來了，厚厚一巨册的我的病歷表上記下的傷害是：橫隔、腹膜破裂、內臟移位、脾臟破裂、肋骨斷折、左大腿骨骨折………

我如今回想起來，除了十分感念父母妻兒、醫師護士、親朋好友的祝福、

照顧和關懷而外，也十分驚奇自己的鎮靜和堅韌。

我五點多撞了車，拖到八點多才開刀，中間折騰了兩三個小時，我除了靜靜地、斷續地回首前塵外，居然還安慰著親人們不要慌；我靜靜地呼吸、輕輕地呼吸，直到警覺一口氣吸不上來……

從加護病房出來，許多人問我：難道未曾意識到生命的危急？許多人誇我：身體好！又有許多人說我：生命力強韌。我除了謝謝，總接一句：好在我是「庄腳囝仔」！

我的確是田庄囝仔，從小種田，如今雖已遠離農事，卻還淸楚感受到和田草角力的韌勁；雜草是農作物的仇敵，卻是農民的膩友，除之不盡，斬之不絕，勃勃煥發著大地的生機。

所謂種田，記憶中不外除草，除著除著，草的頑強不知不覺成爲性格的一部分，因爲雜草有一次敎我：要拔它，自己非先站穩腳跟不可！這一次大難，倖能不死，我恍惚覺得自己恰似那從新鋪的柏油路縫萌發出來的一芽新嫩！

陳恆嘉　作家，淡江大學教授

我們需要樹木

黃光德

我雖是臺北市民，但不很欣賞臺北的公園，祇因職業上的關係，對這些問題特別留意而已。臺北市公園的特點，一為少，二為乾，三為少人使用。

「少」是有目共睹的事。臺北市開敞空間（卽不蓋房子的部分）主要是道路，所以臺北市的空中照相離不開敦化南北路，就像紐約離不開中央公園一樣。這種以道路為主的綠地觀念，是十九世紀帝王們的計畫觀念，保留到今天的。像仁愛路的大圓環，占掉那麼大的空間，只是讓汽車在四周打轉，從空中看下去是很美的圖案，但臺北市民們卻看不到，也用不到。設置大圓環的目的，是放置戰神式的英雄雕像的，我們不明所以，也如法炮製，使得平素在國人心目中很親切和藹的于右老，高高在上，距離我們十分遙遠。

除了道路與圓環之外，公園很少見，這是因為公共設施用地徵收十分困難，是一言難盡的，暫時放開不提。先談這「乾」字。「乾」，乃指無綠意而言。臺北市由於空地少，給人一種人工沙漠的感覺。我們有限的公共空地，沒

有盡量栽植樹木。當然，在人羣湊集的地帶，公園就是廣場，用不着植物，在住宅區，應該多種大樹才對。市政府在大部分小公園中，花錢做了各種鋪面高高低低的令人不太了解、接受的硬體，或很少爲人使用的兒童遊戲設備。我想如果空地上都是大樹，熱天大家可以在樹下乘涼，孩子們在樹林中打滾，在樹林上攀爬，不是很有趣嗎？何必學外國人在鐵架上爬呢？

由於「乾」就沒有人用。孩子們沒時間（要補習，要考試），大人們無緣無故到石鋪台上走來走去幹什麼？大凡人們使用公園都有一定的道理，所以計畫者要了解人性才成。這話說遠了，要找簡單而直截了當的辦法，我看只有少種花草，多栽種樹木，讓它們長大，不必修剪。

一個到處是樹木的城市，不可能是很難看的城市，也不可能是不討人喜歡的城市。

漢寶德　藝術家、環境學家。現任國立台南藝術學院籌備處負責人

社會的新倫理

柴松林

在二次世界大戰以前，人類是充滿信心的，在那個時代，無論主張什麼學說的，都認爲自己主張的正確；資本主義者認爲資本主義是最優秀的制度，社會主義者認爲社會主義必將獲致最後的勝利。但是隨着時間的推移，人類的信心逐漸消失，尤其是進入一九八〇年代以後。社會學家稱這種信心無存的情況爲「信仰的危機」，經濟學家認爲我們面臨的是「不確定的時代」。

正因爲我們處在一個凡事危疑難決的時代，我們更應該堅定自己的信念，抱持自己的理想，謹守原則，勇往直前以建立一套適用於未來社會的新倫理：

一、不要認爲人們一旦變爲富有和強壯，他們就能自動的成爲善良和有美德的人；同樣也不認爲人們維持天眞或無知就是一種美德。只有善良和智能的結合才是可貴的美德。

二、和人口來比，一切資源都是相對的稀少，所以簡樸是最大的美德；一個以無限制追求致富爲目標的社會，最後必然道德敗壞，秩序蕩然，與幸福的理想背道而馳。

三、人不是宇宙的中心，自己也不是十全十美，正視自己的缺點，捐棄成見，寬容異己，才能接近完美，在離開世界時也可以說，我已盡力而為。

四、要記得除了自己，還有旁人，而旁人正有和你同樣的需要，同樣的願望。所以當我們想到一己的利益時，便要想到如何把一己的利益與我們同時代的人分享；同時我們既不希望人類滅絕，就應該記得把我們這一代人的利益，拿來與以後許多代的人分享。

五、不要存征服自然的野心，要學着順應自然；征服自然也不過是把地球資源消耗淨盡，順應自然才能與地球共存。所以我們要克制自己不要繼續敗壞人類賴以生存的空間。

六、我們要生存，不要滅亡；要平等，不要差別；要民主，不要專制；要幸福，不要痛苦。但這一切都不是天賦，我們能不能得到並且享有，全看我們盡多大力量去追求。

柴松林　社會改革家。政大教授，曾任消費者文教基金會董事長

資優兒童的培育

毛連塭

每當我逛百貨公司，看到新產品時，總會禁不住多看兩眼，並且自然而然地買了下來，主要的是在欣賞發明者的創造力。

消費者的購買，常常也是對於發明者的一種鼓勵，更可以促使發明者繼續不斷地研究與創造。

創造發明的能力，除了兒童先天的秉賦之外，家庭、學校與社會三者，亦均與兒童創造能力的發展有密切的關係。因此，及早發現兒童的創造發明能力，並給予有計畫的培植，應是充分發展其潛能，達成教育機會均等的理想途徑之一。

爲適應資賦優異兒童的學習與興趣，及獨立學習的習慣，教師的教學及課程安排等均要有適當的因應措施。教師在輔導資優兒童學習時，應儘可能鼓勵兒童對於疑惑之處坦率發問，並且訓練他們參與討論的能力。又爲適應資賦優異兒童強烈的求知欲，教師也必須多方搜集補充教材，並且設計多種教育活動，

使其在實驗、觀察中了解事物的成因，滿足其好奇、探究的心理。

再者，教師指導資賦優異兒童，重要的是提供他們自我實現的機會，並且爲他們訂出較高的成就水準與目標，以期資賦優異兒童能充分發揮其潛能。此外，留意資賦優異兒童人格的健全發展，以協助其適應日後的生活環境，也是十分重要的課題。資賦優異兒童除了與教師的接觸外，還可以從其他成人或同儕團體中得到非正式的指導。再者，社區的學習資源：如圖書館、博物館、各類展覽、社區文化活動等，也有助於資賦優異兒童的學習，當然，大衆傳播工具更是資賦優異兒童豐富常識的主要來源之一。

我國自六十二學年度起，已分北、中、南三區展開資賦優異兒童教育的實驗研究工作，顯示了政府已重視到資賦優異兒童的教育問題。今後家庭、學校與社會各方面，如能繼續給予具有創造潛能的資優兒童更多的關切，當能培養更多的優秀人才，促進社會的繁榮與國家的進步。

毛連塭　教育學博士。現任台北師範學院校長

法治與和諧

趙守博

最近我們的社會，各種各類的重大犯罪案件不斷發生，使大家對於社會治安的前途，憂心忡忡。犯罪如此猖獗，原因固不止一端，但最主要的，還是法治觀念在我們的社會仍未普徧，不够深入的緣故。

多年來，經由大家共同的努力，我們的社會，一直享有相當的和諧、安定和安寧。然而，因爲違法亂紀作姦犯科和利用特權牟取私利之事，近來時有所聞，以致暴戾、憤激和不平之氣，也慢慢在滋長與蔓延。

面對此一情勢，我們應該特別注意和加強的是，提倡法治、建立法治和鞏固法治。

法治何以如此重要呢？因爲所謂法治，有一個重要的原則，卽法律爲一切行爲的最高準繩，沒有人可以違反法律，沒有人可以超越法律；任何人一旦向法律挑戰，均應受到法律適當的制裁；也就是人人服從法律、尊重法律，法律之內沒有特權，法律之前人人平等。因此，法治的精神和觀念如果能貫徹和普

及，則由消極而言，法律可以樹立權威，可以發揮嚇阻犯罪的功能，保持社會的安寧；從積極而論，法律可以維護社會的公平與正義，保持社會的安定與和諧。這就是一位西方名學者所說的「法律終止之處卽爲野蠻出現之所」的道理。

我們要使社會的和諧與安寧，永遠可以保持，實在不能沒有法治。所以，我們必須使社會上的每一個成員，均能將「服從法律、尊重法律」，變成爲他個人一項自動自發的生活習慣。要達成此一目標，個人認爲，我們必須透過學校、家庭和社會，在每一個人的生活中：㈠訓練服從紀律的習慣，㈡養成遵守秩序的精神，㈢培養尊重他人的氣度，以及㈣倡導崇尚平等的觀念。祇要人人都能够做到服從紀律、遵守秩序、尊重他人和講究平等，則沒有人會去侵犯他人、破壞規範、製造暴亂、追求例外，社會上違法亂紀的行爲一定會大量減少，甚或完全根絕。

有崇尚法治的民衆，才有和諧安寧的社會！因此，加強和普及法治精神，使人人知法守法，實在是消除暴戾之氣，防止犯罪所應致力的急務。

趙守博　法學博士。現任台灣省主席。

禮與樂

呂泉生

到底音樂的「音」與「樂」是什麼呢？

「音」就像畫家的色料一樣，「樂」就像畫家畫出來的圖一樣，可使人們欣賞。樂比較複雜，一定要經過人們的演奏（唱），同時要有聽衆的共鳴，才會發生效果。音樂是時間（瞬間）的聽覺藝術，不容許用很多時間來考慮它的好壞，但是音樂本來就沒有國境，雖然音樂家（包括演奏、演唱家）有國籍之分，而且要比一般的國民更有民族意識和愛國的精神，但是所欲表達的聽覺美感是一致的。

我國古代的聖賢曾說過：「樂者天地之和也」。例如貝多芬是德國偉大作曲家，他的作品世界各國喜歡音樂的人都會無條件喜愛它，是音樂無國境之分的最好例子，而且也符合「樂者天地之和也」的思想。聖賢又說：「禮者天地之序也」。因此，音樂在我國自古以來和禮並稱，而有「禮樂」這個名詞的存在。我們可以說，有音樂之處就要有禮貌的存在，以今天的音樂環境來說，舞台上的演奏人員和舞台下的聽衆，要在和諧的氣氛之下禮貌相處，這就是「知樂則幾於禮矣，禮樂皆得，謂之有德」的思想表現。

現在我們的音樂教育目標祇注重演奏技巧，而忘掉我國固有對音樂的傳統精神。雖然時代不一樣，樂器、樂曲、演奏（唱）場地……也不一樣，但禮與樂的精神卻永遠不可無！音樂會中，社會各階層的人都可能是聽衆中的一分子，台上演奏者，不管他是世界第一流或本地土產的無名音樂家，如果台上、台下沒有打成一片，互相有禮相處，會使音樂會失去光采，違反了「禮者天地之序也」的傳統精神，無法得到「樂者天地之和也」的境界，更無法欣賞音樂家所欲表達的喜怒哀樂的感情。這必定是一場失敗的音樂會。更可以說，這個地方的音樂教育是失敗的。音樂的確具有娛樂的成份，不過音樂是在安靜的場合才能發揮它的功用，音樂如果處在沒有秩序的場合，則等於一場吵鬧。

「禮樂皆得，謂之有德」，我期待我們的社會，將會是一個「禮樂皆得」的社會。

呂泉生　音樂家

無私的奉獻

「文學是無私的奉獻。」

這是一位旅居加拿大的老友信中的一句話。文學的定義不知有多少種，而這一種卻是我第一次聽到的。他說得那麼乾脆，又那麼若無其事。因此，當我展讀他的信，看到這句話時，腦門轟然發出了一聲巨響。

當我知道這位老友有一部巨型長篇正在醞釀，也專程回來一趟從事不足資料的蒐集，並做若干實地的觀察與印證時，我向他提出了一個要求：把這部大長篇給我辦的一份雜誌來發表。我說我這份雜誌發行量不超過一千份，稿費也低到祇能算是象徵性的，而且還可能被迫取消稿費。他還是欣然同意了。然後，頭一批稿子越過太平洋寄回來了，同來的一封信裏，他爲文學下了這麼一個「定義」，並說：如有稿費，悉數捐給你那份可憐的雜誌。

有幾個事實印證他這句話的不同凡響：

這部作品，一開始連載就獲得不少讀者的共鳴與讚賞。然後，這部三部曲

的第一部，在激烈的競爭下，以絕對優勢的姿態搶去了這份刊物今年度的文學獎。又然後，他毫不猶疑地把獎金捐出來。

在奉獻的意識下寫下來的作品，才是眞實的文學作品。

我不知道當今之世，有沒有人同意這個定義，但是我倒相信，至少敢於爲文學下這麼一個定義的人，他必是自己先就深信不疑的，因爲他確實做到了。

而我也深信不疑在這種意識下執筆的這部作品，將是我們文壇的榮耀。

鍾肇政　作家

母親遺骨

蘇瑞芳

三年前，母親已埋葬了十年，我們才央人撿了她的靈骨。

母親的墳地是父親自己選的，墓也是父親每天去監工的。要掘開的時候，工頭才知道要挖得比一般墓地深，土方也意外的多，因而口中喃喃：「看花了眼，包得眞不划算。」我們趕緊另外塞給他一個大紅包，才平息了他的怨氣。

當時，父親也已經不在人世了，但由這個地方，我們重新認識了父親對土木工程經驗之深，以及做事的謹愼。兄弟做事謹愼的習慣，大概也是受到了父親潛移默化的結果吧。

母親的靈骨曬在陽光下，燦燦發光，經撿骨師婆整理，我們始得看出一點頭緒。

我發現母親的靈骨，各部分都意外的纖長，纖細得甚至可能使沒有見過她的人，認爲她比一般女人更弱不禁風。

我驚嘆母親怎麼能有那麼大的力氣背負小弟，又能同時挑水替我們衆多姊

弟洗澡洗衣，又洗得那麼乾淨。

我的故鄉當時沒有自來水，吃、喝、漱、洗的用水，統統都要上上下下挑過漫長的險坡。一家大小十多人的用水，無論寒暑晴雨，都由母親一人從十多尺深的井底汲起，挑回家裏。夏天枯水期還要徹夜排隊等候，甚至點火攀下井底，一瓢一瓢從岩隙掏到水桶，再把水桶拉上地面。

我們姊弟當時還小，父親白天工作已經夠累了，沒有母親辛苦等、辛苦瓢、辛苦挑，又有誰替她等、替她瓢、替她挑呢？因此，母親不得不咬緊牙根做到底。

這種堅忍不拔的氣魄，後來也滲透到我們姊弟妹的精神裏。凡是遇到困難的事，都要吃苦耐勞拚到底。

蘇瑞芳　本名蘇癸珍，工程師。

老祖母的眼淚

陳維滌

一個寒風凜冽的夜裏，臺大醫院急診處有輛救護車送來了一位服毒自殺的中年婦女。經過一番急救，仍然情況危篤，奄奄一息。

當時我是醫科七年級的學生，剛好在急診處實習，每隔一段時間就要去量量血壓，觀察病情。由談話中，知道這位婦人的先生，不久前才因事業失敗自殺過世，遺下了老母和三個稚子，還有一筆債務。婦人承受不了一連串的打擊和壓力，因而萌生短見。

在急診處的暫留室裏，照顧着病婦的親人就只有老祖母和三個孩子。老祖母年約八十，身體不很硬朗，平時還得別人扶持，這時懷中卻緊抱着不滿週歲的孫兒，另外兩個年約三歲和五歲的小男孩，則緊緊地依偎在身旁。

夜深人靜，懷裏的孫兒可能是肚子餓了，開始哭吵着，原本靜靜地縮在身旁的哥哥，也受感染似地哭了起來，並且一邊搖撼着不省人事的母親，一邊不停地哭叫着：「媽媽！起來呀！」

這時只有老祖母是全家唯一的精神支柱，她強忍着悲哀，振起精神，語氣和順地安慰着說：「乖，不要哭！」「乖，不要哭！」可是唸着唸着，她已淚如雨下。

眼看這光景，我抱起血壓計，箭步奔回休息室，一時心緒澎湃，久久無法平靜。這是我第一次深深地體認到，做爲一個醫師，力量是如何的渺小，而責任卻又是何等的重大啊！

往後的醫師生涯中，見到了許許多多生老病死的事故，也遭遇了許多自己無能爲力的困難。每當這時，當年那位老祖母的影像總會浮現在我的腦海裏，驅使我爲那些痛苦中的病患，盡心盡力地貢獻自己的力量。而多年的經驗，更使我體會到，如果沒有良好的社會環境配合，醫學本身的成就將是有限的，也唯有「老吾老以及人之老，幼吾幼以及人之幼」的大同世界的實現，醫學的進步與發展，才更能顯出其意義。

陳維昭　現任國立臺灣大學校長

無事不大

陳五福

俗話說：「大事化小事，小事化無事。」這是善意的處世想法。但我在工作上卻不敢這樣。

三十年前，完成了醫學院的課程，進入臺大眼科研究室，第一天，師長就提醒我們要注意訓練雙手並用的技巧。於是，我們被要求用左手吃飯。

外科醫生在觀察、剖開、剪除、縫合時，需要靈巧的雙手。這在十倍、二十倍、四十倍放大顯微鏡下進行手術時，尤感需要。特別是眼科醫生，在手術中，不能隨意改變姿勢和方向，因而雙手的平穩操刀和左右運用自如，對手術的順利完成有很大的幫助。我們用慣右手的人，改用左手拿筷子，以訓練左手開刀，只是第一步而已。

爲了醫生工作，日常生活我也做了一些調整：

——適當的運動，以保持體能。

——避免拿過重的東西，或從事過細的手工，以保持雙手平穩和良好的眼力。

——避免種花、掘土等工作，或接觸不潔的東西，以保持手指的清潔和不受傷害、污染。

——不喝酒，以免引起手顫抖。

更重要的是內心的安寧。發怒、煩躁、不安、憂鬱、緊張或興奮，都會影響情緒，我認爲不宜排定開刀。

對我來說，開刀的每一個細節，都需要縝密配合，每一個動作，都不能放鬆。

從醫以來，三十多年的眼科精細工作，無形中，養成一個牢不可破的想法：「沒有一件是小事。」我的人生觀也是如此，對人處事也是如此。

我尊重每一個生命。我的工作就是服務人羣。

陳五福　醫生。五福眼科醫院院長

蘆葦

連續陰冷了一陣子，突然放晴，陽光在榕樹的枝葉隙縫間閃亮；許久沒有聽見的鳥聲，也啁啁啾啾四處鳴囀起來了。

這突然的暖和，使冬天的人們、鳥兒、甚至蟲蟻，都從蟄伏的洞穴中探出了頭，舒活他們的身體。

秋天時開的蘆葦是銀白色的，閃耀着美麗的亮光。經過冬天，蘆葦變成了一蓬一蓬的乾草，露着枯黃的飛絮，沒有生氣地飛張在空中。

一對老夫婦在蘆葦叢中看了一會兒，便動手把一根一根的蘆葦草摘下來，堆在路邊。

他們摘完以後，並排坐下，用一根紅色的塑膠繩，把四五支蘆葦綑紮在一起，看起來像一把一把的掃帚。

紅色的繩子在蘆葦桿頂端纏繞一圈，在下端接近葦絮的部位再纏一圈，經過綑紮和略微的梳理，原來看來鬼髮蓬鬆的冬天的蘆葦，不再使人覺得邋遢骯髒，而是一把一把頗爲可愛的小物件了。

老人們穿着粗布的衣服，赤着腳，十分粗大的腳並排放在一起，看來像是遊戲中的兒童。他們一面談笑，一面綑紮，不多時，便把一堆零亂的蘆葦整理成一束一束。

他們把綑好的蘆葦扛在肩膀上，老婦人的頭上梳了一個髻，三分之二已經是白髮，少數的黑髮也已變黃，但是綰成很整齊的一個髻，伏貼在腦後。

身上給太陽曬得暖洋洋，我恰好也要走，便站起來說：「做掃帚嗎？」

「不是啦，玩玩罷了。」老人笑着說，兩人兀自走了。

地上散亂着一些剩下的蘆葦絮，中央一塊乾淨的痕跡，是他們方才坐過的地方。

蔣　勳　作家。現任東海大學美術系系主任

喜樂的心

陳銘磻

從前，我是一個憂鬱型的人，說嚴重些，是個神經質很厲害的人。事未臨頭，我必緊張得像個失去方向盤的車體，很容易肇禍。

就像十多年前，初入軍事中心，接受戰鬪技能訓練一樣，教育班長規定投擲手榴彈，必須超過三十二公尺才算及格，不達這個數字的人，要罰手榴彈全天候的繫在褲頭上。班長的這一規定，把我給嚇住了，我害怕手榴彈繫在褲頭的滋味難受，心中便開始緊張；愈是緊張，我的右手愈加抖得無法使喚。

看到其他班兵都很順利過關，心裏着實負擔很重，我以爲自己從來也沒有這麼幸運過，怎麼可能把一顆空包的手榴彈擲過三十二公尺呢？

輪到我時，心裏的氣壓很低，心想完了，一定過不了的；說着，心一顫，手一抛，那顆手榴彈竟不知飛向何處。班長氣急敗壞的跑過來大罵，說是再給我一次機會，如果再擲不過去，要我爬着去把那顆手榴彈用嘴咬着爬回來。

班長**的吼叫聲，**突然使我念頭急轉，趁轉頭兩眼注視被右手伸到右後方的

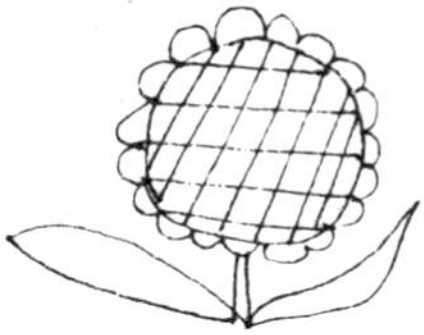

那顆彈頭時，心中咕噥道：好傢伙！我非把你扔走不可，我可沒有興趣爬着咬你回來。

心頭一定，費力不大，那顆要命的彈，竟在不知不覺中，被我擲過四十公尺。

這件小事一直記在我的腦海裏，它使我領悟到一個小小的眞理：相信自己的能力是很重要的；因爲，潛力一直深藏在我們底心中、手裏、腦內。

於是，當年歲愈長時，我反而變得很快樂，我發現憂鬱是一棵毒草，它的毒性足以瓦解一個人的心靈；我同時發現，緊張是一塊絆腳石，它無時無刻都能讓人跌得鼻青臉腫，摔得頭破血流。

我相信聖經上的一句話：喜樂的心，乃是良藥。

陳銘磻　作家。號角出版社社長

偶感

無名氏

幾年來第一次，我又絕對孤獨的坐在自己書桌面前，望着我的紙和筆。這一切，似乎意想不到，卻又在意料中，彷彿早有一種預感，那個我一直冷淡慣了的上帝，絕不會對我如此冷淡無情，活生生讓我個性花朵才半吐時，就萎謝盡淨。

幾十年來，我一直絕對珍貴的那個珠寶；生命，現在似乎大部分已從手頭滑脫。但我並不甘心，我還在掙扎，想盡可能抓緊手邊所殘留的，加以格外精鍊的運用，藉助它，讓我再開放幾朵黃昏花——甚至夜之花。當然，這不是容易事。

文字，正像愛情一樣，你必須以極偉大的宗教感情，極精緻的藝術技巧，才能創造出來。當它出現在你心靈世界後，你還得不斷守護它，澆灌它，栽培它，它才能四季常青，長年鮮艷。這一切，還不只是技巧問題，更主要是，決定於一個偉大的源泉。這個源泉不僅包括智慧、敏感、情愫，更重要是，那種

天馬行空式的充沛生命力，一種迹近瘋狂的強烈震盪。這些，以前我似乎佔有過，操縱過，也享受過。但這幾年來，由於外來的沖擊，各式各樣的挫折，阻礙，漸漸的，我失去了這些佔有物。

人會失去他的愛情、情人，他的房屋、財產，藝術家也會失去他的藝術，他的創造力，有些，我們歸諉於天賦精力的限制，但有時候，卻得歸咎於我們自己懦弱、怠惰、荒唐。——我們並不常常珍貴我們手頭珠寶，當我們豐富時，只當我們陸續赤貧時，我們才開始懷念它，珍惜它。

許多傷害甚至毀滅藝術感覺的事物，潮水似地，日日夜夜，不斷沖來。但一個眞正的大勇者，應該能建築堅固的堤壩，抵禦這些沖擊。

無名氏　本名卜乃夫，作家

一語驚醒夢中人

李霖燦

無論多麼好的飲食，一進喉嚨便失去了滋味；不論怎麼多的榮華富貴，一到了死亡便沒有了意義，人生匆促，常常只顧得奪取，而忘了思維。卻每每在生死之際，忽然有所頓悟，一下子找到了眞理。也常常由于這一兩句話，便能使聽者深省；所謂人之將死，其言也善，給予我們無限的啓發。

記得是李斯吧，他臨刑前對兒子說：吾欲與若復牽黃犬俱出上蔡東門逐狡兎，豈可得乎？——已經要死了，還念念不忘狩獵，此中必有眞意。大程夫子的「見獵心喜」，陸放翁的擬將疏逸消豪氣，尋罷酒徒尋獵徒，可以想見攬轡澄情的豪壯心情！

李綱是北宋的忠臣，生平之志在復中原，所以他彌留之際，大呼「過河」者三，要渡黃河踏滅金寇。這與南宋陸放翁的臨終詩上的「王師北定中原日，家祭勿忘告乃翁」正是同一心情。

文人在這方面亦有會心，程伊川臨終時，學生們私相交語：先生平日所

學，正要此時用。程伊川聽了，不表同意，在最後的一口氣中說：道着用，便不是。——生死事小，眞理事大，雖在易簀之際，一分一毫差錯不得。好可愛的固執和迂濶！

弘一大師臨圓寂前，不能說話，有人問他心情如何，他書「悲欣交集」四字以答，眞是深有見地。

另一位大政治家，我們的 國父，孫中山先生臨終之際，說出了感人肺腑的七字眞言：和平、奮鬪、救中國。——他一生的志事俱在于此，所以臨去前仍不忘對我們諄諄教誨。看看我們現在還不能對他老人家繳卷，眞是恐惶難安！

彌留之際，是廻光反照，最能洞澈平生得失，一語遺人，足可破我迷途，想到了「此中有眞意，令人發深省」。想到了王陽明臨終時曰：此心光明，夫復何言？不禁令人恍然有悟：還來得及，因爲要怎麼死，現在就得怎麼生。朋友，你一定不河漢斯言！

李霖燦　藝術家。曾任故宮博物院副院長、台大教授

附錄

紀政的稿費

吳榮斌

「八百字小語」都是約請專家、學者或作家撰稿，請這些「有智慧的人」來和讀者聊聊天，談談他的所思所想或感觸。

七十年元月時，我們想到紀政。

那是因爲我們希望一位年輕，有活力，有操守，有很好的公衆形象，這個人又要大家都認識他，而且大家都喜歡、敬重——的人，也來寫這麼一篇「八百字小語。」

紀政很適合。

可是當時紀政正參加立法委員競選，活動正在最後的緊要關頭，我們不便在這個時候爲這件事去找她。

眼看着截稿期愈來愈近，我們很着急。可是沒有辦法，我們祇能等，等她競選完，等她稍舒一口氣，等她有空，之後，我們才能去談約稿的事；不僅如此，要請她寫，還得她願意，並能依時交稿才行。這些問題，能不能一一圓滿解決，實在令人擔心。

選舉揭曉了，紀政以全國最高票當選。我們很爲她高興，也證明約她執筆是正確的。

第二天、第三天，我們設想紀政仍然很忙——有很多人她要道謝，有很多人向她道賀。還有，競選後的事務，待理的也一定很多，而她現在最感需要的，可能是「好好休息一下」。我們不忍心在這時候去叨擾她。

第四天，我們的時間很緊迫了，一定要想辦法找到她。可是找遍了競選事務所、辦公室和住處，花了一整天時間，都沒有結果。

紀政好像失蹤了。

失望之餘，我們一一在她可能去的地方留下電話，請他們看到紀政時，轉告一聲我們「急着找她」，請她和我們聯絡。

第五天一早，紀政打電話來了，我們如獲至寶。

但是，紀政一聽是要請她撰稿，馬上婉拒。她說現在有很多事待辦，實在沒空；同時，自競選以來，所有大衆傳播媒體的訪問或約稿，她都不便接受，現在也不便開例。

我向她解釋，「八百字小語」不是爲了趕熱鬧來錦上添花的，我們純粹祇考慮找一位合適撰稿的人選。

最後她同意了，但時間要在兩三個月後。

就在要掛斷電話的這一瞬間，我突然想到，這篇文章這樣等了十幾天，沒有如願約到，實在可惜。我沒有馬上掛上聽筒。

「吳先生，還有事嗎？」

「有。紀小姐，我了解妳的情況，不過，妳確是我們最合適的『選手』，我覺得沒約到稿很可惜。」

就在這最後一刻，紀政改變了原來的決定。

兩天以後，我依約到她辦公室。這是我第一次看到她。

她身材頎長，氣質優雅，談話時面帶笑容，好像老朋友一般親切，散發着一股魅力。

紀政特別提到這篇題名爲「勇氣」的文章中所引用的那首詩。那是她最喜愛的一首詩，她說，這首詩使她的人生觀有很大的改變。

稿子終於拿到手，我鬆了一口氣，起身道謝。

「紀小姐，大作發表後我們會將書與稿費一起奉上。」

紀政一聽稿費，便很婉轉地說，她不要稿費，叫我們千萬不要開。

我說，稿費多寡是一回事，作品發表我們是一定要致送稿費的。

想了一會兒，她說：「那好，如果一定要開，請你們開給大同排球隊的吳賢一教練。我知道他和球員都非常辛苦，他是個好教練。稿費就當做球隊的水果錢，並請代我向他們致意。」

半個月後，我轉交稿費給吳教練。他一聽是紀政贈的，驚愕不已，「她怎麼會想到我們呢？」

推辭再三，我一再表示，紀政是誠心的，他才勉強收下。

吳教練說：「紀政很關心別人，愛幫助別人，她是那種『你幫助她，她就永遠記住；她若幫助你，她希望把它忘記』的人，凡是認識她的人都喜歡她。

當然，她更關懷我們整個體育運動的事，凡是她能爲運動做的，她就盡力去做。我聽說，紀政的稿費都是轉贈用在有關運動的人或事上。但是，我很意外，我沒想到有一天這樣的稿費會落到我們的頭上。」

紀政的八百字小語「勇氣」刊出後，許多讀者說很欣賞這篇文章。這篇短短的文章背後的故事，我們覺得很有意思。不過，顯然稿費是一回事，更重要的是紀政的心意。

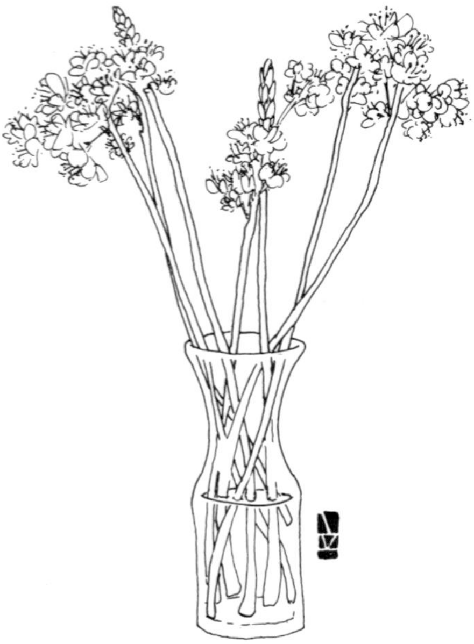

背景故事之二

生命之愛

吳棠斌

他因重大車禍，差一點就失去生命。

第二年，女兒因輕微先天性心臟病開刀，手術失誤，意外離開人間。

「我的生命是一種重生。這兩件事之後，我對生命有很大的改變。我覺得以後的生命是爲午安而活。我將爲午安做一些她想做的事情。」

午安是他女兒的名字。她活了九歲。

「我希望她學社會科學，她弟弟學自然科學。嗯，爲什麼叫午安呢？比如她當播音員，開頭她可以這麼說：『各位朋友，午安。我是陳午安，現在是午安時間，歡迎您與午安共度一個愉快的午安時間……』她可以把人間的愛在這時適切的傳達出去。這名字是這樣取的。

「她從小喜歡看書。我讓她看一切她想看的書。她看書練就了一套本事，例如躺着時，她可以右手扶奶瓶，左手拿書，看一頁翻一頁，一點都不用歇手。

「後來她咳嗽中嘔出一點血來，不得不開刀。想不到這一刀奪去了她的生命。

「以前我告訴她，爸爸好好工作，妳好好用功，將來有了錢，我們合作來開個流動圖書館，一方面開個出版社，爲小朋友出版些好書。我們把流動圖書館開到鄉下去，用錄影機放映一些好看的卡通片或電影，也把書借給他們看。午安當圖書館館長，借書的小朋友都向午安登記。這樣，小朋友們一定很高興。

「住院期間，她問我：『爸爸，我們什麼時候開圖書館呢？開了圖書館，我有好多書可以借給他們啊！

「那時我自己車禍復健未癒。午安說這話時的渴望與純眞，使我心中一陣陣刺痛。午安不知道我們要做這些事不是現在，而是『有一天』，這『有一天』，可能『很久』。

「我剛從生命的邊緣囘來。午安的情況並不很嚴重，我們都認爲開過刀就好了。事前所顯現的一切也都是那麼樂觀。我告訴午安，身體很重要，等我們好了，就可以一步一步來實現這個願望了。

「我們正準備一個全新的生命再出發。我們有強烈的信心。

「可是，一切是那麼令人意外。這次發生了醫學上不該有的失誤，竟使午安離開了我們。幾乎沒有人想到會有這樣的結果。

「我發生車禍期間，很多朋友來看我。有的安慰我說：『大難不死，必有後福。』可是，午安的生命安排竟是這樣。

「我沒有怨尤。生命本來就是這樣，由不得我們。

「我住院期間，很多朋友來看我。我覺得叨擾朋友太多，到午安住院期間，再也不敢告訴任何朋友。我心想，你們關心我，愛護我，現在又抱怨我下班時間找不到人，好吧！等午安開完刀，復元期間，她不能看書，我再請你們來，一個一個輪流，自己編故事，每天由一個人來爲午安說故事吧！

「現在午安聽不到這些故事了。現在祇好用別的方法了。我想請鄭清文、黃春明、三毛這些好友，把本來要說給午安聽的，寫出來吧！我把它出版，這樣午安可以看，別的小朋友也可以看，這一定是午安最感快樂的事情。這些書出版後，名字就叫『午安童話集』。

「我現在每個週日一定帶書去給午安看。午安的靈骨放在我住處附近的小廟裏。我去了，點上一炷香，放些她喜歡吃的水果，然後拿出爲她買的書，像『老夫子』，我就告訴她：『午安，妳看，這本不錯，最近很多人喜歡這本書呢！』我一頁一頁地翻，一如我們在一起看書一樣。我也帶些自己的書去看。週日，我們就是這樣度過的，這是我一週中最快樂的一天。

「午安想做的事，我來做。現在午安的生命就在我心中，在我身上，午安與我化爲一體了。

「許多朋友看我這樣子，一直爲我擔心，認爲我還是生活在生命的陰影裏。其實，我很平靜，很充實，我愛人世間，我們愛午安。我覺得我所愛的都在，以後也是一樣。」

那晚我們一起聊天。他提到午安的事是那樣眞切，眞切得使我覺得他好像在說別人的故事一般。

「午安有你這樣的父親，她是幸福的。」我說。

「哦！這不算什麼，我們愛午安是事實，這些時日以來，不管晴雨，我一有空就去看她，週日則是一定會去。不過，我也常在那裏碰到一位老伯。我看他默默地供上香果，在靈位前合掌沉思，然後默默地離去，走時，跟住持親切地打招呼。這人一看就知道是情摯意切的人。

「據住持說，老伯去看的是他兒子，也是晴雨不曾間斷。已經有三十幾年了，都是這樣。」

「啊！三十幾年了，都是這樣？」

眞是人間有情。

午安的爸爸是陳恆嘉。「八百字小語」寫的是「與草木同生」。

自白

無名氏

有三四年了，我沒有正式提過筆。可能，這幾年中，我曾提過一次筆。但我記不清了。紙與筆似乎已與我無緣。不錯，我也經常提筆，但它對我只具有美術意義（書法），不像從前一樣，表現幻覺、思維與觀念，我幾乎完全忘記文字本身的存在了。

寫什麼呢？心如純粹白紙，沒有顏色，沒有聲音，更沒有任何形象；儘管時間一大串流過去，生活的瀚海沖擊起一朵又一朵浪花，但我的靈性卻是一片沙漠，不留一絲痕跡。「事如春夢了無痕」，其實，夢本身還是一種痕跡。現在，我倒變成一片純粹眞空，除了空白外，了無一色，了無一痕。其實，連空白也說不上。空白還有「白」有「空」，我卻既無「白」，也無「空」——（如果「白」是色，「空」是空間的話）。我究竟算是什麼呢？眞有點像阿賴耶識那片純粹幻覺的「無」了。

在這種境界下，筆對我還有什麼涵意呢？筆又能增加我什麼愉快或安慰呢？因此，我幾乎徹底忘記筆的存在了。

先前，一坐在書桌前，一鋪紙，一提筆總有那許多想像與觀念會飛出來。而腦子平日也像一隻大坩鍋，有許多熱騰騰的東西在煎熬，蒸餾成斗室的寧靜。

必須有「紙」的傾瀉器來承注。現在，什麼都空了，結束了，生命還殘在，卻沒有原形。肉體還存在，卻喪失心靈。

也沒有惆悵或悲哀。失去的一切也不覺可貴。大化本是如此。即使你在浮生中曾創造過什麼巨大形象或事物，終點也仍像我現在一樣。不管我們作怎樣巨大努力，我們總無法征服生命本身——它是一個永不可征服的存在。即使你暫時征服了，你終必失去。

在大海邊，一個漁夫捕了幾十年魚，終於，仍是一隻空虛的網。海水從來沒有眞正給過他什麼，他也從未眞正了解過海水。那些曾經投入他網內的魚，只不過大風中一些瀚海流沙，一現旋失，不可能眞正抓在手上。

勝利與失敗僅僅是一紙之隔。對前者，虛榮心是被滿足了，而後者沒有。抽去那不着跡象的虛榮心，勝利者和失敗者一樣。

在生命中經過近六十年掙扎後，你才開始懂得一點生命。因爲，你占有了童年、青年、中年、老年四個時期的經驗，這不同時期自動作出對比，前後輝映，因而，現在你才可以眞正獲得一點生命結論。

院子裏很靜，人們似乎都遠離開我，我獨自淹有我斗室的寧靜。我有點渴望想記錄下一些什麼。於是，幾年來，我第一次正式提筆。

白日總是充實的，不管是怎樣陰暗的雨天，只要有宇宙光，生命——肉體與靈魂，總是充實的。難堪的是黑夜。一閉上眼，沉浸在茫茫黑海裏，各式各樣不寧靜的情愫都浮動起來。只有在那個時候，你才感到眞正的孤獨，絕緣。所以，歌德臨終時說：『讓我死在星光下的一條乾燥的溝裏吧！』王守仁臨終時也說過：「此心光明，夫復何言？」

今後幾年或十幾年殘生，僅不過爲自己安排一個較寧靜較自足的死而已。

此後，不是爲「生」而生，是爲「死」而生。那個永恆終點，已不太遙遠的出現在我旅程中了。

我希望，這幾頁自白是一個小小開始，今後我還能有機會在紙上與自己談天。只有自己，是自己唯一的最後知己，因此，一切煩惱、苦痛，只有向自己訴說，我自己解決。別人不僅不能解決，連理解都不可能。

上帝既已給我安排下這樣一條奇異的旅程，我也只有照它所畫的軌跡走去。沒有什麼可躊躇的。也沒有什麼可騷亂的。因爲，在我這樣年齡，多少才士早已結束他們一生文章，向上帝交上他們的卷子了。我經過這樣多的大風暴後，還能存在，還有幾年，或十幾年可支配，那已是極大幸運了。

【註】六八年入獄一年二月，釋放後，前後有三、四年無法執筆寫文。七二年某日，忽思動筆，乃草成此篇。

編按：無名氏原陷大陸，經三十多年期盼，終輾轉到香港，並於七十二年三月廿二日來到台灣定居。

國家圖書館出版品預行編目資料

800字小語1./梁實秋等著．第一版
-- 臺北市：文經社，1983（民72）
面；　公分. --（文經文庫：4）
ISBN 957-9208-13-1（平裝）
1. 修身

192.1　　80002888

文經社

文經社網址 http://www.cosmax.com.tw/
www.facebook.com/cosmax.co 或「博客來網路書店」查詢文經社。

文經文庫 4

800字小語①

著作人 — 梁實秋 等著
發行人 — 趙元美
社　長 — 吳榮斌
主　編 — 管仁健
美術設計 — 王小明
出版者 — 文經出版社有限公司
登記證 — 新聞局局版台業字第2424號
社　址 — 24158 新北市三重區光復路一段61巷27號11樓（鴻運大樓）

編輯部：
電　話 — （02）2278-3338（代表號）
傳　真 — （02）2278-2227
E-mail — cosmax.pub@msa.hinet.net

業務部：
電　話 —（02）2278-3158
傳　真 —（02）2278-3168
E-mail — cosmax27@ms76.hinet.net

郵撥帳號 — 05088806文經出版社有限公司
印刷所 — 松霖彩色印刷事業有限公司
法律顧問 — 鄭玉燦律師（02）2915-5229
發行日 — 1988年 3 月 第一版 第 1 刷
2015年 10 月 第 74 刷

定價／新台幣 130 元　　Printed in Taiwan